で、何が問題なんですか？

「人生の悩み」がゼロになる44の解決法

小林正観
Seikan Kobayashi

清談社
Publico

で、何が問題なんですか？

「人生の悩み」がゼロになる44の解決法

小林正観

はじめに

〝問題〟が〝問題〟でなくなる「ものの見方」

たくさんの旅をし、たくさんの宿に泊まり、たくさんの人と話をしてきました。

その旅の中で、「この人（編集部注＝著者）は人相・手相がよく当たるので見てもらいなさい」と旅人に勧める宿主（宿のオーナー）が少なくありませんでした。

その結果、私はたくさんの人の人相・手相を見ることになり、その結果、その半分くらいの人から人生相談を持ちかけられることになりました。

相談の内容は、家庭の問題、親子の問題、会社勤めの問題、仕事の問題、お金の問題、体と健康の問題、人間関係など、多岐に及びました。

ジャンルはさまざまですが、相談事は大きく2つに分けることができます。

ひとつ目。「降りかかる火の粉」。

降りかかる火の粉は払わねばなりません。

例えば、事業がうまくいかないとか、体に病気を持ったとか、ストーカーに追いかけられているとか。

確かに、世の中には「降りかかってくる火の粉」が存在し、解決しないことには安眠できないという事情が存在します。

けれども、とてもおもしろいことには、「降りかかる火の粉」には、対応してくれる（問題解決にあたってくれる）専門家がちゃんといてくださるのです。

事業に関しては弁護士とか会計士・税理士などの人が、体に関しては医者や病院が、ストーカーなどには警察が、〝職業〟として対応するように待ち構えています。

2つ目。「気に入らないことがある」。

「降りかかる火の粉ではないが、自分の思いどおりにならず、不愉快だ」というものです。

例えば、自分の子供が不登校である、引きこもりである、というとき、「なんとか学校に行かせたい」と思う心の結果、「不愉快だ」「なんとかしたい」ということになる。

それを、温かい目で見つめることができたら、問題が問題ではなくなります。

「入社したての新入社員がミスをしたので怒鳴ってしまった。その結果、自己嫌悪になったが、後輩を育てるためには怒鳴らなければいけないときもあるじゃないですか」との質問もありました。

後輩に仕事を教えるのはいい。「ここをこうして」と繰り返し教え込むのは必要でしょうが、だからといって「感情的になる」「怒る」「怒鳴る」というのは、問題が別。

「教える」ことと「怒鳴る」ことは別問題なのです。

そういうふうに、物事のとらえ方をちょっと広げて、違う見方、考え方をしてみると、けっこう「〝問題〟が〝問題〟でなくなる」ことが多いようでした。

今までに私のところに持ち込まれた相談で言うなら、ひとつ目の「降りかかる火の粉」は1％くらいで、「気に入らない」が99％くらいを占めるのではないかと思います。

99％の方の問題は、「自分の思いどおりにならない」、だから「気に入らない」。「気に入らない」と言っている「私」の方にこそ、実は問題を解決するキーが存在するのかもしれません。

いろいろな訴えかけを聞き、私がニッと笑って「で、何が問題なんですか」と問いかけたとき、破顔一笑、「そうですよね。大したことじゃありませんよね」と理解してくれる人が少なくなく、本の題名がそれになってしまいました。

最初は「英光舎(えいこうしゃ)。」というところで出していただいていたのですが、弘園社(こうえんしゃ)の「未来の智恵(ちえ)」シリーズに組み込むことになりました。

なお、たくさんの講演会録音テープの中から文章にまとめてくださった編集の清積恵さん、本の題名をつけてくださった「英光舎。」の松浦英行さんに、心からお礼を申し上げます。ありがとうございました。

２００３年5月

小林正観（こばやしせいかん）

で、何が問題なんですか？　「人生の悩み」がゼロになる44の解決法

【目次】

第1章「人生の悩み」がゼロになる8つの解決法

第2章 「こころと体の悩み」がゼロになる8つの解決法

第3章 「人間関係の悩み」がゼロになる8つの解決法

第4章 「夫婦関係の悩み」がゼロになる6つの解決法

第5章 「親子関係の悩み」がゼロになる6つの解決法

第6章 神さまを味方につける8つの解決法

第1章

「人生の悩み」がゼロになる8つの解決法

01

会社が倒産

どんなことも自分が書いたプログラム

神の承諾のない出来事は、起きないみたいだ。
倒産がいけないことだとか、
悪いことだって誰が決めたんですか？

――成功や失敗はないと正観さんはおっしゃいますが、私は自営業を営んでいますが、会社が倒産したという現実の話を聞きますと、やはり、幸、不幸はあるのではないかと思うのですが。

神の承諾のない出来事は、起きないみたいだということなんですね。**倒産することになったら倒産することが全部、自分が書いたプログラムみたいです。**倒産しない人はしないけど、倒産がいけないことだとか、倒産が悪いことだって誰が決めたんですか、という問題があります。

こういうお話をしましょう。登別温泉に１２００人収容という世界最大の観光温泉旅館・第一滝本館というのがあります。昭和2年に、南外吉という人が買いとったものです。南外吉は、空知川のたもとで船運、水運会社を経営してたんですね。東京方面から物資を運んできた大きな船が河口を上れないので、小船に物資を載せ替えて札幌近辺まで積んできて、下りも農作物を運び、その両方の船賃を得ていたので巨万の富を築いていた。でも台風で洪水にあって倉庫も船も流されて無一文になってしまうんですね。

それで、お金に困った外吉は、札幌で風呂屋の三助さんをすることになりまして、公衆浴場のお客さんの背中を流しながら釜焚き男をやるんですね。そのうち、札幌の家々が個人でお風呂を持つようになって、公衆浴場がたちゆかなくなったんです。「閉鎖するから、あんたも辞めてくれ」と言われ辞めさせられた。

今度は、北見の方に300坪の土地を借りまして、大豆の作付けをするんですが、それが大豊作だったため、翌年には全財産をはたいて3000坪の土地を借りて同じように作付けをしていたら、今度は大雨で全然収穫ができなくなって、また無一文になり、それどころか借金を抱えてしまうんです。

その後は、息子を旅館に養子にやっていたので、息子にやっかいになる形で、その宿の下男という仕事で、自分の上司が息子という状況で勤めることになりました。苫小牧の駅前で、旅館の案内をするために吹雪の中ずーっと立って客を待っていたそうですね。列車が着くときに南外吉の姿がないときはなかったそうです。

明治の初期、登別温泉に2軒の旅館があって、滝本さんという老夫婦が2人で5室ほどの旅館を経営してたんですが、まったく後継者がいなくて「誰か買ってくれる人はいないか」と言っているときに、たまたま登別森林軌道の社長がいて「あんた、滝本館を買わないか」と外吉に持ちかけたんです。一方は小さな旅館の釜焚き男、一方は森林軌道の社長。どこかに接点はあったのかというと、この社長は、毎日毎日吹雪の中でも必ず駅で立ち続けて客を待って呼んでいる外吉の姿をずーっと見ていたんですね。外吉が「私は釜焚き男をしていて蓄えなどないし、そういうお金はないから……」とその申し出を断ったら、その社長は「そんなのわかっている。私が全部貸してあげるから、お金ができたら返してくれ」と言った。外吉は、滝本館を買いとって、その結果、なんと5室の滝本館を30年間に400室の世界最大の温泉旅館にしたんです。こうして大成功者となったのです。

◎連れて行かれるのが、人生

もし、この人が空知川の船運会社で成功していたら、単なる経済的な小成功者としてそのまま忘れ去られていた。風呂屋の三助さんで食べていたら、そのままで終わったかもしれない。大豆の作付けで成功していたら、一農民になっていた。苫小牧の旅館でずーっとやっていたのでは、多分芽が出なかっただろう……。外吉という人は、夜は12時前に寝たことはなく、朝は午前4時以降に起きたことはなかったそうです。どんなにひどいときであっても、いつもニコニコして働き者であったそうです。投げやりになるなんてことは、まったくなかったそうです。

ひとつ目、空知川で船運をやっていた。2つ目、公衆浴場に勤めていたけど、それもダメになった。3つ目、大豆の作付けをやったが大雨で全部ダメになった。4つ目、旅館で釜焚き男をやっていた。5つ目、その結果として温泉旅館を持たないかという話になった。この5つを全部コントロールしているものがありますね。水の神さまです。水の神さまが、あなたはそんなところで船運をやっている場合じゃないですよ、と言って潰した。あなたは、そんなところで大豆の作付けをやってる立場じゃありませんよ、と言って潰した。息子夫婦の旅館でそこそこ給料をもらってニコニコしてたら、そこで終わったかもしれないのに、そんなことやってる立場じゃないけど、今度は潰したんじゃなくて拡大的、発展的な話を持ち込んだ。その結果として世界最大の温泉旅館にした。じゃあ結局、外吉という人はそこに連れて来られたんじゃないか、ということに気がつきませんか。

◎運が良い、運が悪い

空知川の不運、これを不運というのか。いいえ、ここで潰されてなければ世界最大の第一滝本館はなかった。公衆浴場が順調にいっていたら、世界最大の第一滝本館はなかった。大雨で大豆が全部ダメになった。ここで潰されてなければ世界最大の第一滝本館はなかった。投げやりになったり、人生を投げ出したりしなかったから、そういうのを見ていた人が現れた。その結果、登別の旅館を買わないかという話を持ちかけられた。どこかにこの人の〈失敗〉というのがあるのでしょうか。どこかに不運というのがあるのでしょうか。このような話を知っているのと知らないのとでは、人生、全然違いますね。倒産するとかは関係ないんですね。外吉がものすごく大きな足跡を残したというのは、旅館を5室から400室にしたことではなくて、どんなときでも愚痴を言ったことがないんです。いつもニコニコと、どうしてそんなにひどい目に4回も遭ったのに、なんでニコニコしていられるのか。外吉は、〈不平不満、愚痴、泣き言、悪口、文句〉を言う人ではなかった、ということです。

いつも自分に与えられた運命の中で、ずーっとただひたすらやり続けた人だった。人一倍、大きな飛躍をする人には、人一倍大きな一般的に言う挫折・つらいことが来ます。そのときに、ぐずぐず〈不平不満、愚痴、泣き言、悪口、文句〉——これらを〈五戒〉と言いますが——を口にするかどうかを、実は神さまから問われている。五戒を言わなくなるとプログラムが見えてきますね。随分、試されているなというのがわかります。

時計の振り子がありますね。その振り子を9時の方向まで振りたいんです。すると、神はどのようにするかと言いますと、この振り子を3時の方向に引っ張っていくんです。ずーっと引っ張っていって、3時のところで手を放すと、この振り子は9時まで行きます。

6時の位置にある振り子を5時のところまで引っ張っていったら、7時のところまでしか行かないですね。これが人間の苦労とか大変さとか呼んでいるものです。

実は、このことは苦労とか大変さではなく、そういうエネルギーをいただいた人、すなわち大きく引っ張られた人は、その同じ大きさのエネルギーをいただいたということですね。ここで問題なのは〈五戒〉を言うか言わないかということです。「大変な人生じゃないか」と現象について論評、評価する必要はないんです。目の前に現れている現象について、いかに〈五戒〉を言わないか、をいつも神さまから問われているらしい。

◎〈五戒〉を口にせず、笑顔で

ものすごくおいしいものを味わわせるためには、空腹の時間はとても長く必要です。空腹の時間を不幸と呼んでしまいがちですが、実は神さまから見ると「この人はすごくおもしろい人だから、この人には特別においしいものを食べさせてあげよう」ということで空腹の時間が長いんですね。倒産がいけないとか、倒産がひどいというのは、すごく狭い考え方をしていますね。職業なんか何をやってもいいんです。どんなところでもいい。いかに〈五戒〉を言わずに笑顔で生きているか、を常に神さまから見られているんですよね。

02

好きを仕事に

流れてきているままに生きる

風が吹いていますか、川が流れていますか。
流れてきているままに生きていくだけです。
だから、なんにも考えなくてもいいみたいです。

――私は今、就職活動をしてるんですが、自分が希望している分野の企業にどうしても就職したいのに思うようになりません。どのようにすればいいでしょうか。

先日ある方からお手紙をいただいたんですね。こういう内容です。夫は、板前を20年やってきたんだけれども、今ある料亭をクビになって無職である。夫は「自分の店を持つのであれば一所懸命できるけれども、もう人に使われるのではイヤだ」と言っている。その夢を叶(かな)えてあげたいので店を持たせたいと思う。でも私たちにはお金がなくて、親にお願いに行ったら、とても冷たく断られた。どうしたらいいのだろう、という相談でした。

私の返事はこうです。〈風が吹いていますか、川が流れていますか〉。「私」がそのお店をやりたいのかやりたくないのかっていうことは、考えても意味がないんですよ。その人がお店を持つようなプログラムになっていれば、「やりたい、やりたくない」ということとは関係なく、必ずそれをやらされるように流れてきています。

流れてなければ、やってもムダ。流れてきているならば、やりたい、やりたくないに関係なくやった方がいい。そこには必ず現象がある。自分が何かを決断するように人間思っているけれど、その決断は100個目であって、実は決断にいたる前に99個の現象が目の前を流れてきている。

流れてきているままに生きていくだけです。だから、なんにも考えなくてもいいみたいです。その流れてきたことに対して、自分が身をゆだねているのだから、神や守護霊さんたちがその人間をスポイルするわけがないんですよね。だって「ああしなさい、こうしなさい」って全部指導してくれるんですから。「はい、わかりました」って言えば必ずそのとおりになるわけですから。

悩み、苦しみ、苦悩というのは、実は自分の思いによって人生を組み立てられると思っているところにあるんですよね。

流れてきた現象で、例えば「倒産するじゃないですか」とか「思ってたところに就職できないじゃないですか」って言いますけど、倒産したら、「あなたは、そんなことをやってる場合じゃないですよ」って神さまが言ってるんです。「思ってるところに就職できないじゃないですか」って言うのは「あなたは、本来そちらに行くべきではないですよ」って神さまが言ってるんです。

そこに行かなかった結果として、別のところでものすごく素晴らしいポジションや仕事を与えられるかもしれません。世のため、人のためにすごく喜ばれる存在になるかもしれません。

常にその流れに対して自分の身をゆだねるということですよね。

03

人生の選択

未来は自分のプログラムの中にある

未来は、すべて自分のプログラムの中にあって、
もともと決まっているんです。
ですから、未来に「私」がどうなるかとか、
なんとかしたいと思って一所懸命やらなければとか、
心配する必要はないんです。

――未来は生まれる前からすでに決まっている、というのは本当なんでしょうか。

未来は、すべて自分のプログラムの中にあって、もともと決まっているんです。ですから、未来に「私」がどうなるかとか、なんとかしたいと思って一所懸命やらなければとか、心配する必要はありません。最終的に選んだ結論が必ず自分の決めてきたものですから。

未だ来ていない現象が存在していることを皆さん信じられますか？　例えば、私がボールを投げない限り、ボールは向こうには着かないはずなんですよ。でも着いてるボールを見るというのは、変な感じがしませんか。その結果がちゃんと決まっているんです。その結果につながっているらしい。そう思いたくない気持ちもよくわかります。私も最後まで抵抗し続けたものが、未来は確定的に決まっているという事実だったんです。

どうしても受け入れたくなかったですね。努力をすればなんとでもなる、と思っていました。しかし、**努力によって何かがなるのではなくて、プログラムどおりに淡々と進行するだけである**と知りました。どうも私たちは、自分の頭の中に一生涯分のデータが入っていて、自分の毎日、日々の暮らしがすべてインプットされている。単にそれを読みとっているのが〝今〟らしいのです。で、宇宙から見ると、未来と現在と過去というのはどうも区別がないみたいですね。全部決まっているらしいのです。

――じゃあ、思いを込めてイメージして、物事や未来を呼び寄せなくていいんですか。

そんなことしなくていいです。私たちに未来を呼び寄せる力なんてありません。だって、もともと生まれる前から自分のプログラムを書いてきてますから。未来を呼び寄せられたと思うのは――それが実現したと思うのは、そのとおりのプログラムで来たからでしょう。

こういう言い方をするとわかりやすいでしょうかね。噂をすれば影とやら。噂をしてるとその人が必ず現れる、と言いますね。そこから組み立てて、未来を呼び寄せていると考えますが、実は組み立てが違うことに気がついていません。噂をしてたからその人が来たのではなくて、その人が近づいてきたから噂を始めたんです。

「私」が必死になって念じたから未来がやってきたのではなくて、その未来が間違いなくやって来ることがわかっているから、念ずることができたんです。念ずれば必ず未来が呼び寄せられるというものではありません。思ったことが全部叶うわけではないんです。イメージできたことは来ます。それは、自分のプログラムの中にあるからです。もともと未来は決まっているんです。だから、未来を呼び寄せたり、心配したりするのは何の意味もないことです。

◎すべてがプログラムどおり

でも、こういうお話をしますと、中学生や高校生の中で誤解する人がいまして「何もかもすべて決まっているんだったら、もう受験は一切しないって言って、うちの子は全然勉強しなくなってしまったんですよ」という相談を持ち込まれたことがあります。

「未来がもう決まっているんだったら、何をやっても無意味で、無気力で投げやりになっちゃいますよね」って思うこと自体、否定的な受け取り方ですね。それもプログラムなんですけど、もう少し詳しく説明をしますと、どんな話を聞いてもどっちをとってもいいんだけれども、「やってもやらなくても同じ結果が出るんだ」というのは間違いです。それは全然違います。渋谷(しぶや)の駅に行って、内回りの電車に乗ると五反田(ごたんだ)に行って、外回りの電車に乗ったら新宿(しんじゅく)へ行くということには明らかに違いがあります。どっちの電車を選ぶかが生まれる前に決まっているんです。

それは、自分が決めたんですけれど、決まっているだけであって、内回りに乗ったら五反田へ行って、外回りに乗ったら新宿に行くというのは間違いなく違いがあります。どっちを選んでも何をやっても未来が一緒なのではありません。「じゃあ、選択できるんじゃないですか」って皆さん思いますね。選択をしているように思いますけれども、選択をした結果が全部生まれる前に書いたプログラムどおりである、ということなんです。

◎肉体を持つのは体験のため

これは、１００％すべて合致しているんですね。私、３年くらい神さまというか宇宙に向けてずっと問いかけてきたんです。「なぜ、私が選択する答えがいつも１００％、生まれる前に書いたシナリオどおりなんですか？」って。不思議でしょうがなかったんですけど、ついにその答えをいただきました。「生まれる前にシナリオを書いた魂が、今の私の体の中に入っている」。だから必ず書いたシナリオのとおりに選択をする。

その魂は、今の父親と母親の間に生まれる子供で、その肉体の中に私が入り込むというシナリオを書いたんです。その魂が、私の体に入ってそのシナリオどおりに全部体験しているわけです。それは、すべての体験を喜び楽しむということにテーマがあるんですけれども、魂は全部知っているので、それを肉体がなくても喜び楽しむことができるんですが、でもそれはエネルギー体として全部１００％感じてしまうことができるため、肉体を持つこととは全然違う領域なんです。

肉体を持って、悩み苦しみながら、実は、悩み苦しみが本質ではなくて、同じことを喜びに感ずることができるんですよね、っていうことを肉体を通して体験するために肉体を持っているんです。そういうプログラムを書いた魂が今私の中に入っている。だから、そのシナリオどおりの環境、状況が目の前に設定されたときは、必ず、この魂は自分が書いたとおりのプログラムを選択する。

「じゃあ今、顕在意識の私が左を選ぶと見せてフェイントをかけて右を選んだとする。どうだ！　シナリオどおりじゃないだろう」って言う人がいますが、そうじゃないんです。シナリオには、フェイントをかけて右を選ぶということもすでにちゃんと書いてある。そのようにする人格である、そのようにする人間である、ということが書いてあるんです。

——じゃあ、自由意志というのはないんですか。

今、私たちは顕在意識として自由意志を完全に１００％手に入れている、と言っていいでしょう。どちらでも選べます。でも潜在意識では、もうどちらを選ぶかをすでに決めています。だから顕在意識で思うとおりに選べばいいんです。

今、私たちは選択肢があると思ったらどのような選択をしてもいいし、それは完全に自分の自由意志だと思ってかまわないけれど、その自由意志によって選んだ瞬間に、その選んだ結果は全部、生まれる前のプログラムどおりという不思議な構造になっているんです。

完全な自由意志はあるのだけれども、実は自由意志だと思っていることは、生まれる前に完全な自由意志で書いているのであって、100%全部決まっているんです。けれども、顕在意識でものをとらえた場合は、完全に自由意志で選んでいると思っていいんです。この話を受け入れる自由もありますし、拒否する自由もありますが、ただ考えることに意味がないんです。

――もう、未来のことを考えてもしょうがないんですね。

そうです。**考えても意味がないから、未来のことを心配したり、考えたり招き寄せたりするのは一切やめなさい。**過ぎてしまった過去についてクヨクヨしたり「ああすれば良かった、こうすれば良かった」と言うのも、もう取り戻せないから考えるのはやめなさい。「念」という文字は、分解すれば「今」の「心」です。今を大事にする心のことです。だから、目の前にいる人を大事にして、目の前にあることを大事にして生きていきなさい。プログラムは、自分にとって必ず良くなるように、心地の良いように書いているのだから。

私たちは未来に向けて選択があると思うから、こんがらかるんですが、自分が歩んできた道の選択を振り返ってみた場合、本当に選択肢があったのかどうかよく考えてください。

必ずこっちしか選べなかった、ほかの選択はなかった。この道しかなかった。その結果の集大成として今ここにいるんです。

どんな選択をしても、必ず自分のシナリオどおりにしているんです。宇宙は、ものすごくシンプルで、あまりに単純な構造になっています。過去をいくら悔やんでも無意味だし、来てもいない未来をいくら心配しても無意味なんです。「私」が今できるのは、目の前の人を抱きしめるだけ。過ぎてしまった人は、抱きしめられない。来てもいない、まだいない人を抱きしめたくても絶対抱きしめられない。「私」が今できるのは、今、目の前にいる人を抱きしめる、それしかないんです。それしかできないんですけど、その自分の選択の連続として未来があるんです。目の前にいる人を大事にして生きていきなさい、ということに尽きます。

04

死は不幸か

人は自分の意志で死ぬ

死ぬことも実は、不幸ではありません。
自分が決めたとおりのスケジュールで
人は死んでいくんです。
それがどうして不幸なんですか。

——不幸や悲劇はない、とおっしゃいますが、では死ぬことも不幸ではないんですか。

死ぬことも実は、不幸ではありません。不幸でもなんでもなくて、自分が決めたとおりのスケジュールで人は死んでいくんです。それがどうして不幸なんですか。

先日、桜を見て来たんですけどね、こういう話になりました。桜の花びらが散るのは何のせいですか？　風のせいですか。雨のせいですか。何のせいだと思います？　それは、自分のせいなんです。たまたま風が吹いたから、風をきっかけに花びらが散ってるように見えます。けれども風がまったく吹かなくても、花びらは必ず落ちる。落ちた花びらを見て、人は「風が吹いたから散っている」って言ってしまう。けれどもそれは違います。桜の花は、自らの意志で開いた花が何日かしたら、絶対に自分の意志で落ちようと決めて、花びらを開いてるんです。

風が吹いても吹かなくても関係がないんです。自分の意志で花びらを散らしている。そこに早く気がついた方がいいですよ。風が吹かなくても花は散るんです。風のせいで花びらが散ったのではありません。

でも、風が吹いたからだと主張する方が人間は楽なんですよね。本当は「全部花が開いてから5日間経ったら必ず散ります」っていう遺伝子情報を自分で書き込んできて、そのように散っているわけだから、風が吹こうが吹くまいが、関係ないんですよね。無風状態が10日間続いても、必ず花びらは散ります。風が吹いてなかったら永久に散らないなんてことはありませんよね。自分の意志で落ちるように必ず決めてきているんです。

じゃあ、花びらと私たちとどこが違うんですか？　同じです。必ず散るんです、自分の意志で。それがわかったら、死ぬことは、なんにも悲劇でも不幸でもないです。ただ、感情的に悲しいということはありますよ。だから、３カ月、４カ月泣き暮らしてもいい。それは感情的に人間は優しい気持ちを持っているから、泣き暮らしてもいいけれども、悲しいことがあったといって、３年も４年もそこに埋没しているのは、やっぱり考え方を変えた方がいいです。

自分自身が書いたシナリオなんですね。親がこのときに死んで、兄弟がこのときに死んでいく、自分の愛する人に去られてしまう……。でも、起きている現象は、自分がすべてシナリオを書いて、神さまにポンッと承諾印を押してもらったことばかりなんですよ。

05

子供が事故に

神の承諾のないことは、起きない

将来の自分に対して何かがそこで展開していくための、ひとつのステップを神から与えられたんだから、それがわかるまでは簡単に結論を出してはいけない。

神の承諾のないことは、起きないんですよね。

――ある友人の話なのですが、行き交う人混みの中で手にタバコを持っていた人がいて、その人の不注意で自分の子供の体に火傷（やけど）を負わされてしまったんです。それで、ケンカみたいになったんですが、もし正観さんのお子さんがそういうふうに火傷を負わされた場合、どういう対応をされるのですか。

もしこれがこうだったらどうなんだ、という質問には基本的に答えられません。それは、起きてみないとわからないですから。〝もし〟とか〝れば〟とかっていうのは、何百でも何千でも設定することができるから、あまり意味がないんですよ。その現象が実際に起きたとき、本人が判断をする。だから「もしこんなことが起きたら……」なんて考える必要はないんです。「起きてきたら考えなさい」と言うだけですが、今日は特別に実際に起きたとして、仮にというお話をしましょうか。

精神世界を勉強してきた小林正観30年の歴史において〈神の承諾のないことは、起きない〉というのが私の結論です。仮に、私の子供が体に火傷を負わされたという状態になっても、それをすべて受け入れます。

◎運命の火傷、野口英世の一生

野口英世（のぐちひでよ）という人がいますね。子供のころから家が貧しく、父親はいつも家からお金を持ち出して、働かない人だったそうです。一方、母親は夜は12時前に寝たことがなくて、朝は4時以降に起きたことがないくらいに朝から晩までずーっと働き続けで、子供だった野口英世を５ｍくらいの紐（ひも）で柱に縛りつけ、ハイハイできる状態にしておいて畑仕事に出ていた。

帰ってくると猛烈な勢いで野口英世が泣いていたので、どうしたんだろうと母親が駆けつけると、囲炉裏の炭火の中に手を突っ込んで、焼けただれて、溶けてしまって、指がくっついてしまった。でも、英世が中学のとき、ある先生に手術して切ってもらうんです。それから指が動くようになった。

医学というものはすごいと感動した英世は、その先生に頼み込んで書生となります。今ではありませんけど、医者のもとで書生を6年間やると国家試験を受けられるという資格制度がありました。８００人の受験生が受けて、通ったのは、なんと2人だけです。

英世は見事それに通った。でも大学の医学部を出てるわけではないので、配属された病院で非常にいやがらせを受けたんです。3年半の間、北向きの部屋で看護師もつかず助手もつかず、世界から送られてくるフランス語、ドイツ語、スペイン語、ありとあらゆる文献を全部訳すよう命ぜられて、朝から晩まで誰とも口をきかないで、ただひたすら翻訳する……という毎日が3年半です。

その3年半ずっとそういうことをやっていたら、たまたま日本の京都、奈良で国際学会が開催されることになりました。そのとき「アメリカ、ドイツ、スペイン、フランスの全部の文献を読みこなしていて、その博士たちの研究内容と業績を知っている人間が日本にいないか」ということで、日本中を探し回ったときに、なんと3年間文献を訳し続けている人間がひとりいるということがわかった。それが野口英世だった。

そして、世界中の有名な学者たちを連れて、京都、奈良を案内することになった。ある学者が「野口君、君はすごくよく勉強しているね。君、もっと本格的に医学の勉強をしたいんだったらアメリカへ来たまえ。私の研究所で使ってあげるよ」と言ったんです。

翌々日、英世はすぐに辞表を出して船に乗り2カ月かけて、アメリカのロックフェラー研究所へ行きます。そして英世は「先生がそういうふうにおっしゃったので、私は辞表を出して先生のもとに来ました」と言うと、「そんなこと言ったかね。私は世界中の若い学生にそういうふうに言ってるんだ。それを真に受けたのは君が初めてだ。働く場所はないから帰りたまえ。日本に帰りなさい」って教授が言うんですよ。

「そんなこと、私は故郷を捨てて、職も捨てて、やっとの思いでここまで来たのに……」

と言い争っているそのとき、たまたま研究所の研究員が毒ヘビに噛(か)まれて大騒ぎになった。慌てた教授が部屋を飛び出すときにパッと振り返り「野口君、君は毒ヘビを捕まえたことはあるかね」と聞いた。英世は毒ヘビを捕まえたことはなかったんですが「あります。大丈夫です」と言った。

「そうか、来てくれ」と言われてドアを開けたら、毒ヘビが鎌首をもたげている状態だった。そのときに英世は本当に命をかけたんだそうですね。「もし、このヘビを捕まえることができたら……」。で、それで見事に捕まえた。それを檻(おり)の中に入れて振り返ってみると、その教授が柔らかい態度に変わっていて「野口君、この血清の部屋にいた男が退院するまで、君は臨時にここの職員にならないか」という話になった。**神が助けてくれた。そういう現象を起こしてくれたんですね。**

それで英世は、その研究所で3カ月臨時代用の職員をしているうちに、ものすごく研究熱心で、ものすごく我慢強くて、ものすごい男であるというのがわかって、正式に職員に採用された。そこから、血清研究の第一人者になったんです。

◎神から与えられたひとつのステップ

で、質問の話に戻りますね。子供のころ「手ん棒（てんぼう）、手ん棒」と呼ばれていた指がくっついた原因は、囲炉裏の中に手を入れたことだった。それが野口英世の将来を決定づける運命の火傷であった。その結果、指がくっついてしまったけれども、もしこの現象、この出来事がなければ、野口英世は存在していなかったんです。

だから私は、仮に自分の子供の体に火傷の跡ができて、それが残るようなことがあっても「それを恨んではないよ。将来の自分に対して何かがそこで展開していくための、ひとつのステップを神から与えられたんだから、それがわかるまでは簡単に結論を出してはいけない」と子供に教えようと思います。

でも、本当はね、「もしこんなことが起きたら……」なんて考える必要はないと思います。神の承諾のないことは、起きないんですよね。

06

許せないこと

良い現象、悪い現象というものはない

ひどい事件があったときに
「私は絶対そういうことをしない」って
決意をすることが、
宇宙や神から私たち一人ひとりに
問われていることなんですね。

――凶悪で悲惨な事件がいろいろとありますが、そういう事件を起こした人たちも、やはり生前プログラムしてきて、そのことによって何かを学んでいるんですか。

今の質問の中には、それが悪いことだっていう概念がありますよね。実は良い現象、悪い現象というのは宇宙にはないみたいなのです。良いこと・悪いこと、成功・失敗、勝ち・負けというようなことは、どうもないみたいですね。

――じゃあ、悪い人、凶悪犯というのはいないんですか。

だいたい、今日いらっしゃってる皆さんは9万6０００回の生まれ変わりのプラスマイナス２０００回ぐらいの誤差の中にいるんですね。つまり、9万4０００回から9万8０００回ぐらいの生まれ変わりの回数の人たちです。あと何千回かで10万回で、10万回にいたったところで人間としては生まれなくなって、神に生まれ変わります。守護霊ですね。最初は、人間につく守護霊に生まれ変わります。肉体を持たない状態になるんですね。それがだんだんと菩薩界（ぼさつかい）に上り、如来界（にょらいかい）に上り、神界（しんかい）に行くという変遷をどうも辿（たど）るみたいなんですね。

皆さん方は、ご縁があってここにお集まりになられたんですけど、お釈迦（しゃか）さまがね、川の砂を左手ですくって「これが世の中に生きている衆生（しゅじょう）、人々である」と言った。それを親指と人差し指で摘んで「この指の間にある砂が正しい生き方を模索している人たちである」と言った。そして、それを裏返して親指の爪の上にパラパラと載せて、載ったいくつかの砂粒を指さして「これが正しい教えに出会える、答えに出会える人である」と言ったんです。それは、生まれ変わりの回数が9万6000回プラスマイナス2000というレベルだからなんですけど、実は3000回とか4000回の、人間になりたてのころに、私たちは全員殺人者であった。物盗りであった、強盗であった、サギ師であったんです。

そういうのをしたことが何十度とあるんですね。だから、私たちは人の犯罪を裁く権利はどこにもない。私たちも過去生ではそうだったんです。たまたま、生まれ変わりの回数がここまで来たから、「私」は今はしないと思っているだけであって、実は全員通り過ぎてきたことなんです。いけない人、いけないことなんていうのは、本当はどこにもないいんです。私たちは、すでに通り過ぎてきたから、人を糾弾できるような錯覚に陥ってるけれども、実は違います。同じことをやってきているんです。ただ学ぶために、みんなそれを体験してきているんです。

「世の中にこういうイヤな人がいるじゃないか、社会現象にこんなイヤな現象があるじゃないか」って評論しなさいと言ってるんではなくて、大事なことは、「私」がどう実践をしながら生きているか、ということだけなんです。不幸であるとか、悲劇であるとか、ひどいことであるとか、って現象を指でさし示して論評、評価することにはなんにも意味がないんですね。その現象を見て、私が何をするかだけなんですね。それを神は「私」への問題として問いかけている。それだけなんです。

この現象が、宇宙的に正しいのか正しくないのか、ということを言ってるのではないんですね。**どんなことがあっても、それに対して「私」がどう考えるかというだけなんです。**空き缶を捨てる人がいる。そうしたら、私は空き缶を捨てない人間になろう。タバコを捨てる人がいる。そうしたら、私はタバコを捨てない人間になろう。そういう決意をさせるために、神は目の前にその現象を見せているんです。ひどい事件があったときに「私は絶対そういうことをしない」って決意をすることが、宇宙や神から私たち一人ひとりに問われていることなんですね。

07

人格を高める

向上するための努力はいらない

次から次へとやってくる現象に対して、
〈不平不満、愚痴、泣き言、悪口、文句〉を言わないで、
笑顔で受けとめて生きていくことが
今生（こんじょう）でのテーマなんです。

――私は、より向上したい、人格を高めたいと思って日々努力してるんですが、人生のシナリオを生まれる前から書いてきているということを聞くと、人格もある程度は、もう決まってしまっているのでしょうか。

その人の生まれ変わりの回数で、ほぼ決まってますので、**向上するための努力というものはいらないと思います。**

◎抱える荷物の重さと登る山の高さ

――生まれ変わりの回数が多いほど、人間性が向上してるって考えていいんですか。

向上と言うかどうかわからないですけど、人間は10万回の転生（てんしょう）を繰り返すらしいのですが、ヴィジュアル的に喩（たと）えて言うとですね、9万6０００回生まれ変わっている人というのは96kgのリュックサックを背負って、高さ9万6０００mの山に登るって考えてください。

私は、障害児の父親ですけど、その子供についてはやっぱり大変な思いをたくさんしていて、イヤなこともたくさんあったし、つらいこともたくさんありました。

でも、そういうふうに自分は96kgの荷物を背負うようにトッピングをしてきているんです。だから、子供のことは96kgのうち15kgぐらいの重さだと思いますね。それに、私は21歳のとき「家を出ていけ」って親に言われました。「それじゃ出ていきます」って言って、それからは、ずーっと独学で自分で費用を出しながら、大学を卒業したんです。それも、もしかすると肉体的に大変だったという意味で8kgぐらいの重さかもしれないですね。

それは、全部私を鍛えるために、私の魂を磨くために、私自身が書いたシナリオなんです。だからイヤなことではなく、不幸なことではなく、ただ肉体的に大変だったってことだけです。そういう現象をトッピングして9万6000回の人は96kgを背負っているんです。だから「皆さん、96kg分しゃべってください」って言ったら、しゃべれますよね。皆さんそうですよね。96kgの荷物の内容について誰でもしゃべれますよね。それぐらい大変な人生を96kgの人は背負ってきてるんです。でも、しょうがないんですね。

9万7000回になると97kgの荷物に9万7000mの山なんです。9万8000回になると98kgの荷物を背負って9万8000mの山に登ると思ってください。

◎向上しようという決意は、いらない

だから「今生で向上するぞ」とか「人格を磨くぞ」なんて決意をする必要はありません。

だって必ずやってきますから。向上するぞ、なんて考えなくていいですから、ただひたすら〈不平不満、愚痴、泣き言、悪口、文句〉を言わないで、起きてくる現象を、「私」がいかに楽しく笑顔でとらえられるか、という訓練なんだということをわかってください。

人格向上っていう意味とはちょっと違うところへ行ってしまうんですけど、目の前にある現象がイヤなものではなくて、実は、嬉しさや楽しさ、幸せを内在しているものなんだって見抜く訓練なんですね。「不幸や悲劇は存在しない。そう思う心があるだけだ」って言ったのはフランスの思想家ですけれども、私はそこにもうひとつ付け加えて言います。「幸福という名の現象も実は存在していない。そう思う心があるだけ」なんです。だから「向上するぞ」なんて気合いを入れなくていいんです。

ただ、次から次へとやってくる現象に対して、どんなことがやって来ても、愚痴を言わない。泣き言を言わない。落ち込まない。それから相手を攻撃しない。非難しない。中傷しない。それを笑顔で受けとめて「あー、これが私の人生なんだもんね」って思って、笑顔で生きていくことが今生でのテーマなんです。

で、さらにもう一歩進んで「日常生活を笑顔で生きて、人に喜ばれる存在になりましょう」ってことです。その人の口から出てくる言葉が、不平不満、中傷や非難ではなくて、その人から出てくる言葉が温かくて明るくて、人を励まし力づけるものであれば、その人はさらに喜ばれる存在になりますね。

だから、そういう意味での努力が必要なのかっていうと、そういうふうに努力はした方がいいと思いますけど、"〜ねばならない"のではなくて、そのように自分の言葉をコントロールし始めると、自分の周りの世界がどんどん変わっていって、自分自身が心地良くなりますから、結果として、これは〈べき論〉ではなくて、自分にとって楽しいからする、それだけのことです。

楽しさをよしとする、心地良いのが楽しいと思う人は、そちらに踏み込めばいいですし、幸せも喜びもいらないという人は、不平不満を言い続けていけば、それはそれでいいんですね。ただ、周りの人はどんどん去っていきます。心ある人は全然寄って来ませんから。

◎人は、心地良い方向へ行く

本当に心が温かく、優しくて、いつも幸せな笑顔に満ちている人には、この人の〈嬉しい〉とか〈幸せ〉とかって言葉に相応して人が集まってきます。

――どちらを選ぶかによって、人生のカラーは決まってくるんですね。

どっちを選んでもいいですけど、こういうお話を聞く人は、間違いなくある方向しか選びません。いつ、誰がそのスイッチを入れるかだけなんです。

◎スイッチは自己嫌悪

――こういうお話を聞くっていうのも、自分が書いた人生のシナリオの一部なんですね。

そのとおりです。それで、この話を聞いて今日決意をしなくても全然かまわないんです。つまり、本人の決意はほとんど関係なくて、この話を聞いてスイッチがカチッと入ってしまったら、もう始まるんです。どんなに自分が頑張っても、もうある方向に行ってしまうんです。それを〝決意をする〟って一般用語では言うんですけど、私は決意をしなくてもいいと思います。聞いただけでいいんです。もう聞いてしまったら、皆さんの負けです。

もちろん、聞いただけで、明日から行きつ戻りつはします。行きつ戻りつするというのは、どういうことかと言うと、自己嫌悪が生じるってことです。怒ったり、怒鳴ったり、子供に対して激しい言葉、冷たい言葉を投げかけたりすると、自分の中に自己嫌悪が生じてきます。自己嫌悪が生じたということは、昨日まで平気で言っていた自分とは、全然違っているってことです。昨日までは自己嫌悪がなかったから、平気でギャーギャー言ってたんですよね。でも、今日から自己嫌悪が生じたら、あとはもう放っておけばいいんです。人間というのは、自分が心地良くて幸せな方へ勝手に行きますから。だから私は「決意をしなさい」なんて言いません。カチッとスイッチが入ったら、皆さんの負け。どんなに抵抗しても、皆さんは自己嫌悪に勝つことはできないんです。

「一つひとつの言葉を贈り物にすると、どんなに素敵だろう」って、そう思うことで、もしかしたら人間関係が変わるかもしれない。だったら「ありがとう」をたくさん言ってみたい。どうしても言ってみたい。特に不機嫌な人が私の目の前にたくさん現れてくれないだろうか、なんて思うようになりますよ。とにかくたくさんの〈ありがとう攻撃〉によって〈ありがとうの奇跡〉を見てみたいって、そういうふうな気持ちになったら、もう人生楽しくてしょうがないんですよ。「ただひたすら楽しい」ってことです。そのときに、向上するとか、決意するとかは関係ないですね。だってもう、スイッチは入っちゃいましたからね。

08

役に立ちたい

〝実践的〟に生きる

どんなことがあっても、どんな状況でも
決して〈腹を立てない、怒らない、イライラしない〉。
常に現象の中から〈嬉しい、楽しい、幸せ〉
と言えるような日常生活を
組み立てるようにすることです。

――世のため、人のために何かしたいのですけど、宗教団体とかに入って活動したらいいのか。それとも自分ひとりで考えて行動していく方がいいのか。どちらがいいのか教えてください。

世のため、人のために喜ばれる存在になるっていうのを具体的に言いますと、どんなことがあっても〈つらい、悲しい、つまらない〉を口にしない。〈不平不満、愚痴、泣き言、悪口、文句〉を口にしない。〈批判、攻撃、中傷〉を口にしない、ということです。宗教団体とは関係ありません。〝実践的に生きる〟というのはそれだけです。「そんなことでいいんですか？」。それだけでいいんです。そういうふうな生き方をしていく……。

そして、〈不平不満、愚痴、泣き言、悪口、文句〉が口から出てこないというだけにとどまらず、できれば、口から出てくる言葉が〈嬉しい、楽しい、幸せ〉とか〈大好き、ありがとう〉という感謝の言葉が出てくると、もっといいと思います。そのように生きてるだけで、周りの人は、みんな笑顔になっていきます。それで１００％です。宗教団体とは関係ないんですね。

結局、私の言いたいことって、たった一言ですよね。〝実践〟っていうことですよね。

「〝実践〟ってなんですか？」

どんなことがあっても、どんな状況でも決して〈腹を立てない、怒らない、イライラしない〉ということをやり続けていく……。常に現象の中から〈嬉しい、楽しい、幸せ〉という言葉を引っ張り出してきて、そう言えるような日常生活を組み立てるようにすることです。

全然、難しいことじゃないですね。そういう言葉しか出てこない人がそばにいると、周りの人は、ものすごく温かく居心地のいい状態になりますよね。温かい光を投げかけると、温かいから人が自然に寄ってくるんです。それを〝実践〟と言います。

50対50

ハツカネズミというのは、20日で成人する（子が産める状態になる）のでハツカネズミと呼ぶのですが、おもしろい実験が報告されています。

例えば、1匹のオスのハツカネズミと99匹のメスとを同じ箱の中で飼ったとします。すると、「楽しい思い」をするオスが、次々に生まれ、5〜6世代放っておくと、ついにはオス・メスが50対50で落ち着くのだそうです。

逆に、メス1匹に対し99匹のオスを入れておくと、楽しい思いができるメスの方が次に続々と生まれ、5〜6世代のちには50対50に落ち着くのです。人間も含め、動物の雌雄がほぼ半分ずつなのは、それが最も安定しているからです。


さて、人間の周りを考えてみます。

ある人に、周りの人が賞賛の雨を降らせたとします。すべての人が100%「あなたは正しい」「あなたは偉い」「あなたは立派だ」と誉めたとする。すべての人が誉めていると、その人は必ずうぬぼれます。驕り高ぶり、自分を成長させることをしなくなる。成長がそこでストップするのです。

一方、すべての周りの人が「おまえはダメだ」「すべてが間違っている」「そんなことじゃダメだ」と言ったとしましょう。その人はがっかりし、自信を失い、やる気や気力を失って、そこで成長がストップします。今以上に向上しようという意欲がなくなってしまうのです。


では、その人を最も効率よく成長させる方法は何か。

賞賛の声が50％、批判の声が50％であるのが、最もその人を成長させるのです。効率よく、しかも安定的に成長させるために、私たち自身が「賞賛50％、批判50％」の人々を配置した……。

生まれる前に、今生で出会うすべての人に、どちらかの役割をお願いしました。その結果として、「私」の人生は、見事に「賞賛50％、批判50％」になったのです。「私」を効率よく成長させるために、そのように自ら設計し、お願いをし、約束してお互いに生まれ出てきたというわけです。

ですから、批判してくださる50％の方々も、「私」が「うぬぼれない」「驕り高ぶらない」ためにその役割をしてくださっているだけで、「批判してくださる」という〝味方〟です。それがわかったら、今までイライラしていた人も、厳しい言葉をくださった方に、きっと、「ありがとう」と頭を下げることができる。感謝することさえ、できるのです。

人は、ともすれば周りのすべての人（１００％の人）に好かれ、評価され、誉められたいと思う。だから、ひとりでも２人でも厳しい言葉を言う人がいると落ち込んでしまうのですが、**もともと50対50。すべての人から好意的な言葉を受けるなどということはありません。**

そういうことがわかったら、これからは感謝する相手がどんどん増えることでしょう。

第2章

「こころと体の悩み」がゼロになる8つの解決法

09

イライラする

ものの見方を変える

あなたが「大変だ、大変だ」と思ってるうちは大変なんだけれども、よく考えてみると、実はものすごくありがたいことが起きていたんです。ものの見方を変えるということだけです。

――私は長年、病院で看護師をやってるんですが、自分が当直のときは、ナースコールがほかの人の倍鳴るんですね。「そんなことで鳴らさないでください」というようなことまで鳴らされるんですが、そのことは仕方ないとして、それに対してイライラしたり、頭に来たりする自分がとても情けないんです。

じゃあ、あなたは、あなたの当直の夜だけ、ナースコールがほかの人の半分になってくれるのが嬉しいんですか？　ということなんですね。

あなたは、志したんですよね。体の弱い人や病気の人のお世話をしてあげたいって。あなたは、ものすごく心の優しい人で、入院患者はあなたが当直の夜になるのを待ってるんじゃないですか。患者さんは、ほかの人だと多分怖いんですよ。怒鳴ったり、怒ったり、イライラしたりして、それをたびたびされると、そういう人の当直のときには、ちょっとボタンを押しにくくなるんですね。でも、あなたの場合は、本当に心の優しい人だから、みんながこぞってあなたを呼んで、あなたにやってもらいたい、と思って押してるんですよね。だから、あなたのときだけ必ず倍または倍以上に鳴るんですよ。

で、あなたが、それについて「大変だ、大変だ」って言ってるんだったら、ひとつお聞きしますが「じゃあ、あなたは、あなたが当直の夜にナースコールが半分になってほしいですか？」。

――半分になってほしくないです。

もう解決しましたね。私が提案をしたのは、見方を変えるということだけです。現象は、何ひとつ変わってませんよね。でも、あなたが「大変だ、大変だ」と思ってるうちは大変なんだけれども、よく考えてみると、実はものすごくありがたいことが起きていたんです。ありがたくて、ありがたくて、涙が出るほどのことだったんですよね。それがわからなかっただけなんですよね。私の提案は、ものの見方を変えるということだけです。

10

怒ってしまう

「自分がどう生きるか」だけを考える

どんなことがあっても
腹を立てない、戦わない、
ということが重要なんです。
私がどう生きるかだけ、なんですね。

――どんなことがあっても腹を立てちゃいけない、怒っちゃいけない、憤ったらいけない、と正観さんはおっしゃいますが、私はひとつだけどうしても腹を立てて、憎んでしまうことがあります。それは、戦争を起こした人たちに対してです。これもいけないことなんですか。それは正しい怒りではないのでしょうか。

私の考えは、その憤りこそが戦争を起こしているんじゃないか、ってことです。戦争を起こしている人って、自分が間違ってるって思ってないんですよね。正しい怒りであり、正しい憤りであり、正義の戦いだってみんな思ってる人たちなんですね。で、その結果、戦いになる。

だから、どんなことがあっても腹を立てない、どんなことがあっても戦わない、ということが重要なんです。この条件だったら腹を立てないけど、この条件だったら腹を立ててもいいだろう、というのはないんですよ。そこのところがすごく重要です。腹を立てることで問題を解決することはできないんです。他人の評価や社会現象・事件に対して論評することをやめるんです。こんなに極悪非道なことが起きている、あの人はこんなひどいことをしたじゃないか、って指をさす必要がないんですよ。

私がどう生きるかだけ、なんですね。社会でこんなひどいことが起きてるじゃないか、あの人はこんなに悪いじゃないか、って言う必要はどこにもないんです。人を糾弾したり、人の噂話をしたりするのはやめて、私がどう生きるかだけを考えましょう。私が人を殺め（あや）るのがイヤだと思うなら、絶対に人を殺めない。人をだますのが悪いことだと思うのなら、私はしない、と決めるだけであって、それをした人間を非難し糾弾するのはやめにしましょう。

人間は根底的なところでは、ものすごく美しい心を持っていて、多分どんな人でも必ず自分の心の中で良心が芽ばえて、必ずやその問題は解決していくんです。評論家やコメンテーターにならないように。私だけの問題なのです。私が実践者になる。私が太陽になることです。

11

未熟な自分

後悔することに意味はない

過去を含む今日の私は
過去を見下ろしたときの
一番高い石段のところに今いるんです。
だから今日、私が下した判断は人生の中で
最高峰、最ベテラン、最年長の判断なんです。

――正観さんのお話を聞いて、しばらくの間は持続できるんですが、少し日数が経つと、つい未熟な行動をとってしまい、後悔してしまうのですが……。いい状態を続けるには、どうすればいいでしょうか。いつも後悔してしまう自分をどうにかしたいんです。

すべては、ものの見方の訓練ですから「それで何か問題がありますか」っていうことなんですよ。

神社になぜ石段があるのか、ご存じでしょうか。石段のない神社というのはなくて、必ず神社には石段があるんですね。人生なんですよ、階段が。登ってくることが人生なんです。登りつめて神に近づくんですね。でも、未熟ですよ、神さまはずっと上にいますよ……ということを見せるため、また、登ってきた「私」を振り返るために必ず石段があります。で、神社の石段にならって私の人格というのを説明します。例えば、3カ月前の私としましょう。そうすると、今日、私が立っているところから3カ月前の私を見たときは、絶対未熟と思えます。振り返ったとき、3カ月前の私は未熟で、クヨクヨするのは当たり前なんです。でも、それはどういうこと？　見方を変えて、言い方を変えて説明すると、この間にそれだけ成長したということです。3カ月前の時点では、そのときは自分の人生の一番高い石段のところにいたんですよね。この日にあなたが下した判断は最高の判断だったんです。

誰かに何かを言った。それで相手を傷つけてしまったかもしれない。でもね、（そのときからは3カ月後の）今、思うと確かにそうだったかもしれないけれど、そのときに言葉を発した私は、人生において自分が一番上に立っているときに言った言葉なんだから、全部正しかったんですよね。もしかしたら間違ってるとか、合ってるとかいうレベルではなくて、その日の私の判断、行動、言ったことというのは全部正しいんです。

でも（そのときから3カ月後の）今、そのことを振り返ったときに、ものすごく未熟に思えるのは当たり前です。未熟に思えないことの方がおかしいんです。だって、今、それだけ上に登っているんですから。どんな事件や出来事があろうが、自分が人を傷つけてしまったとか、迷惑をかけてしまったとか、思ってもかまわないけど、それは私が最高峰のときに下した判断なのだから、後悔するのはまったく無意味なんですよ。

未熟なことをしてしまったと思って、クヨクヨするのはかまわないですけど、クヨクヨするエネルギーをまだずーっと上にある石段を登ることに費やしてください。過去を振り返っているエネルギーがあるんだったら、未来に向けて自分を向上させるために1段でも石段を登りましょう。今日の私というのは、未来に向けては一番若い生まれたての若輩者です。でも、過去を含む今日の私――今日を過去の一部として考えたとき――は過去を見下ろしたときの一番高い石段のところに今いるんです。だから今日、私が下した判断は人生の中で最高峰、最ベテラン、最年長の判断なんです。

――でも、どうしても自己嫌悪が生じてしまうんです。

自己嫌悪が湧いてきたら99%解決ができます。人間は、自己嫌悪が湧いてきたら、自己嫌悪を避ける方へ行きますから。自己嫌悪が生まれるということは、もうプログラムのスイッチがカチッと入ったということです。自分が心地良い方向へ行きますから、あとは放っておいていいんです。

自分がどうしようもない者だと思った瞬間に、実は、神に1歩近づくんです。もっと自分がどうしようもない者だと思った瞬間、2歩近づくんですよ。行きつ戻りつする自分を肯定してあげましょう。**「いけない、いけない」じゃなくて、それを認めてあげて「しょうがないよね」って言いながら、自分とお付き合いしていくことですね。**

クヨクヨする必要はありません。未熟な私を認めること。「あー、あのときは未熟だったな。不十分だったな」って単に認識をすればいいんですよ。人間は気がついたら、もうそれでいいんです。全然、問題ありません。

12

婚期を逃した

流した汗は金銭か「宇宙預金」で返ってくる

自分の流した汗というのは
2とおりの報酬で返ってきます。
ひとつは金銭で、もうひとつはパワーです。
パワーというのは、
〈人脈〉〈宇宙預金〉という形になります。

――「悩みや苦しみという現象は存在しない、そう思う心があるだけだ」とおっしゃいますが、私は親の介護を5年間もして、結婚の時期も逃してしまって、まだ独身なんです。このままで一生が終わるのかと思うと、とてもつらいのです。

親の介護をしてるとか寝たきりの夫の面倒を見てるとか、そういう状態にある人に知ってほしいのですが、自分の流した汗というのは2とおりの報酬で返ってきます。ひとつは金銭で、もうひとつはパワーです。これは〈or〉ですから、〈and〉ではありません。必ず自分が望んだとおりに返ってきます。**お金で欲しいと思ったらお金で返ってきます。パワーで返ってきてほしいと思うとパワーで返ってきます。**

パワーというのは、言い換えると〈人脈〉、もうひとつ別の言い方をすると〈宇宙預金〉という形になります。お金の方は、定期預金にしても利率は0・1%くらいですね。宇宙預金の方は年利が1000%で複利ですから、来年は100万%になります。再来年は10億%になります。ありがたいことですね。

この年利1000%というのは、次の2つのどちらの条件を満たした場合でも年利が半減して500%になってしまいます。ひとつ目の条件は、例えば、自分が空き缶を拾ったり、タバコの吸い殻を一所懸命拾ったりしているとすると、そういうことをやっていますと人に向かって言った場合ですね。2つ目の条件は、その状況を人に見られてしまったときです。そうしたときに半減してしまいます。宇宙預金はものすごくシビアで、つまり、自分がそれを公表したときに半分になり、人に見られたときも半分になります。

◎宇宙預金をゼロにしないために

それと、もうひとつだけどうしても覚えておいてほしいことがあります。例えば、あなたのように親の介護をしているとか、空き缶を拾っているとか、そうした、やっていることに対して〈不平不満、愚痴、泣き言、悪口、文句〉のいずれかを口に出したとたん、瞬時にして宇宙預金はゼロになります。チーンっていう音がして、全部瞬時にですよ。2億ポイント貯(た)めていたものが全部ゼロになりますね。

で、「私はこんなに大変なことをやり続けているのに、良いことなんか何ひとつ起きません。宇宙預金なんかどこにもないじゃないですか」って言う人がいます。そりゃ貯まりませんよね。だって、不平不満に思っているんですから。せっかく良いことをやっているにもかかわらず「こんなにやってるのに。こんなに大変なのに」って言い続けてますので、毎日ゼロにしています。それを繰り返している限り、5年経っても10年経ってもまったく貯まりませんよね。

この宇宙預金を担当している方は、私の〈お陰さま〉という方で、守護霊さまですね。守護霊さまがカウントしています。1ポイント1円と勘定しても楽しい。1億ポイントある人は1億円くらいと思いましょう。ポイントだけにしておくと、ポイントがポイントを加算させます。ずっと年利1000％で、1年後には1000ポイントになりますから、利子は勝手に降ってきます。いろんな形で降ってきます。

で、今「つらい思いをしてる」って言ってしまったので、5年分の宇宙預金がゼロになってしまいましたが、でも今この瞬間から〈不平不満、愚痴、泣き言、悪口、文句〉を言うどころか、「この親の介護をさせてもらって宇宙預金が始まるんだ」と思って見方を切り替えてやり始めたらどうなるか。

もし自分がいろんなものに恵まれていたら、絶対に来なかったであろう素晴らしいお嫁さんが、1年くらいで必ず来ます。でも、どうして今までは来なかったのか？　それは「なんで僕がこんなことをしなくちゃいけないのか」って思っていたからなんですね。

宇宙預金がゼロだったら、宇宙預金を貯め込めばいいんですよ。すると高い利息のお嫁さんが突然降ってきますから。

すごく単純なんですよ、宇宙の構造は。

宇宙の構造を知ってしまうとあとは楽しいだけです。悩み、苦しみ、苦悩、煩悩、どこにもありません。〝ありません〟というのは、宇宙現象として〝ない〟だけで、それをどうとらえるか、ものの見方の訓練なんです。

13

持病がつらい

病気は「心の張り」が原因

神経痛には、神経が張ってるということと、
弾(はじ)く人がいるっていう2つの要素があるわけです。

社会の中でのいろいろなトラブル、問題を消すことはなかなかできないけれども、
自分の神経を緩ませることはできますよね。

——体のことについてお聞きしたいんですが、私は血圧がとても高いんですけど、これも心の問題なのでしょうか。

こういう話をしましょうか。血圧の話とは別なんですけど、ある会社の社長、この方は30年くらい社長をやってるんですけど、この人が家族から紹介を受けて私に電話をしてきました。「20年くらい神経痛がとれないんだけれども、病院に行っても、薬を飲んでも、ずーっと神経痛で、この痛みなんとかならないものでしょうか」という相談だったんです。はり・灸もダメ、マッサージもダメで全然治らないそうです。

私は電話口で「神経をピッと張ってませんか」って聞いたんです。そしたら「あーずっと、創業者社長でやってきたから張りつめていたかもしれません」って言うんですね。「あーじゃあ、それ緩めてください」って言ったんです。で、その電話口でほっと息を抜いた感じがして10秒くらい経って「あっ！　痛みが消えました」っていう事実がありました。そういうことがあったんですね。

それで、血圧もそうなんですけど、力を抜いたらどうですか。神経痛には2つの理由があるんですけどね。神経が張ってるというのがひとつと、それをビンビン弾いてるってことですよね。いくら弾く人がいても、自分が張ってなければ響かないんですね。神経痛には、神経が張ってるということと、弾く人がいるっていう2つの要素があるわけです。弾く人というのは、社会の中でのいろいろなトラブル、問題ですね。それを消すことはなかなかできないけれども、自分の神経を緩ませることはできますよね。

◎邪心と下心からでもいいから、人のために

――じゃあ、痛風とかも根元は一緒ですか。

はい、痛風っていうのは、おいしいものをたくさん食べて、わりに人生を思うように生きてきた人がだいたいなるんですけれども、それを世のため、人のために自分の体を、そのエネルギーを奉仕しようっていうふうに切り替えたときに、体の体液が弱アルカリ性になります。それで、無我夢中になって自分の命をかけるぐらいに、ものすごく重たいものを持ってあげたり、何かしてあげたり、っていうふうなことをやり始めると強アルカリ性になります。そうすると、痛風というのは尿酸というのが血液中に溜まって、それがあちこちに突き刺さると痛いんですけど、その尿酸がずーっと中和されて、なくなってしまうんですね。

だから、自分中心にものを考えないようにしてみる。「痛風が治ったら人に何かをして

あげるのに」って思ってる人が多いんですけど、それ違うんですよね。治すために、人に何かをしてあげる、つまり自分のためなんです。邪心と下心でもいいから、人のためにやってあげようってことです。そうすると、結局は自分のためになるってことですね。

◎アトピーの因果関係

――子供が少しアトピーなのですが、それも子供がわがままだったり、子供の心の問題が原因なんでしょうか。

もう少ししたら〈人格病理学〉っていう本を書きたいと思ってるんですけどね。ある有名な病院の副院長が言ってたんですけれど、乳ガンと子宮ガンと卵巣腫瘍の患者には共通する人格があるっていうんですね。それは「女になんか生まれてこなければ良かった」って思い続けてきた人たちなんだそうです。そういうふうにずーっと思ってきた結果として、自分自身の体が「じゃあ、女である部分をなくしてあげましょう」っていう方向に動くらしいのです。切り取る方向に、捨て去る方向に体自身が動くみたいです。

で、子供のアトピーっていうのは、これもどういう状態だとアトピーになって、どういう状態だとアトピーが消えるかっていうのもだんだんわかってきたんですけどね。その子供が一番恐れている、言い換えれば、一番影響力のある、一番気にしている人のイライラがどうもアトピーを悪くするみたいです。

その子供の一番気にしている人間のイライラって、一体誰なんでしょうね。その関係がわかったときに、その人間をすごく気にしていると、アトピーが出るみたいですよ。それは、その子供に最も影響を与えている人に対してのメッセージみたいです。その子供が、その人の顔色をいつも見ていて、その人が機嫌が悪いとアトピーになるってことなんですよ。そういう因果関係がわかってきたんですね。

ついでに言いますと、花粉症の人っていうのは完全主義だっていうのがわかりました。完全主義、完璧主義で全部きちんと何事もすべて隅々まできちんとやらないと気が済まない。そういう性格を持っていると、どうも花粉症になるみたいです。「でもいいや、別に適当で。できないものはできない、できるときはできる」って思ったときは、花粉症から逃れることができるみたいですよ。

◎ジャマイカから始める

――でも、私はいい加減な性格で、これをしなくちゃいけないと思ってても、全然きちんと完璧にできないんですけど、花粉症なんですよ。

あー、だからですよ。自分がこれをしなくちゃいけない、って思ってること自体が完璧主義なんですよ。いい加減にしてるかどうかではなくて、完璧主義を持ってるかどうかですね。「しなくちゃいけないと思ってることを、いい加減にやってる」っていうのは自分で自分を痛めつけてる状態ですよね。だから完璧主義っていうのをやめる。

人間は、もともと大したものではないんだから、完璧になんかできるわけないんですよ。適当にやってることを喜べるようになったら楽になるわけです。けれど、本当は完璧主義にやらなくちゃいけないと思ってるのに、適当にやってるっていうのは、いつも自分を傷つけてるわけですよね。で、その結果、花粉症になる。だから、まずコーヒーをジャマイカから始めてはどうですか。〈じゃあ・まあ・いいかあ〉ってね（笑）。

〝ありがとう〟を
心を込めなくてもいいから、たくさん言うと
現象がどんどん変わっていって、
いろんなことが起きますよ。

——心を込めなくてもいいから〝ありがとう〟を言えば良いことが起きる、というお話をされていましたが、口に出さずに心に思うだけでは効果はないのでしょうか。

「〝ありがとう〟を心を込めなくてもいいから、たくさん言うと現象がどんどん変わっていって、いろんなことが起きますよ」って何千人の方にお話ししてきました。その中で何人か、こういう質問をされた方がいます。「〝サンキュー〟と言ったらどうなりますか。〝メルシー〟と言ったらどうなりますか」って聞いてきた人がいるんですね。私の説明の中には〝サンキュー〟も〝メルシー〟も一言も入っていません。〝ありがとう〟と言ったらこういう現象が起きましたよ、というお話をしているだけです。

聖書の中に非常に重要な一句があるんですが、「汝（なんじ）の神を試してはならぬ」というのがそれです。精神世界の勉強をたくさんしてくると、この句が本当にすごい言葉であることに気がつくんです。ある人から何かこういう話を聞かされて、ある提案をされたとしましょう。そこで、自分の中で何か感ずるものがあったとしたら、それをやってみるか、やってみないかだけなんですね。**「こうしたらどうなるんですか」っていう考え方は、やめた方がいいと思います。**「それは知りません」としか私は答えようがないんですね。その知らないことを聞くよりも、やるかやらないかです。

実際に、私は実話として起きたことしか話していません。ですから、これをやったらこうなりましたよ、ということをお話ししたんですね。「でもそれが違う状態で、こうしたらどうなるんですか？」っていうことは私の答えとしてはわかりません。わかりませんけれども、そういう考え方をしない方がいいみたいです。

日本の芸道の中に〝問答無用〟というのがあるんですが、こういうふうに茶筅をカシャカシャ回して、お茶碗をこういうふうに持ちなさい、と言われたとしますね。そこで、なぜこういうふうに持たなくちゃいけないんですか？　逆さに持ったらいけないんですか？　右手と左手は逆ではいけないんですか？　そういうことを日本の芸道では、問いかけてはならないって言うんですね。〝問答無用〟。とにかくやりなさい、ということです。

そして、それが自分の中で道が究められたと感じたときに初めて、そこから、自分で疑問を持って自分のやり方をしてもいいけど、先人たちが結論として、こういうふうにやると姿、形が一番美しいみたいですよ、という話をずっと伝えてきたんだったら、とりあえずそれを取り入れてやってみる。それが一番いい考え方だと思います。

15

結婚できるか

結婚が一番大事ではない

「ほかに考えることないんですか?」

たとえ結婚のことを考えたとしても、

とりあえず5%分だけにしませんか。

――私はまだ独身なんですが、周りの人からも結婚のことでいろいろ言われますし、私も、やはり良いご縁があるようにと願ってるんですが、なかなかそういう相手に巡り合えません。周りの友人たちもどんどん結婚していく中で、このまま結婚しないんじゃないかと思うと少し不安なんですけれど、いつ結婚するかとか、どういう相手かというのも全部決まっているのですか。

すべて自分自身が書いたシナリオどおりだ、ということが、本当にわかってくると、ありとあらゆることに関してジタバタしなくなります。結婚の問題もそうですし、会社が倒産するということもそうですし、自分の病気も事故もそうです。病気をするようになってるんだったら病気をするし、事故を起こすようになってるんだったら事故を起こすし、結婚するようになってる人は必ずします。

それに人生をいかに生きるかってことを考えるならば、結婚っていうのは2%か3%ぐらいは確かに関わってくるけれども、97%は自分自身の生き方ですからね。**結婚が最重要じゃないんですよね。自分がどう生きるかっていう問題ですから。**自分がどう生きるかってことに対して、どうしてもともに歩んでいきたいとか、支えたいとか、そういう人が現れたら「はい、いいです」って言って受け入れてもいいけれど、焦って無理に相手を探す必要はないと思います。だって、それももう決まってることなんですから。

20代の人で「男性運が悪くて全然いい人に出会わないんですけど、どうしたらいいんでしょう」っていう相談をよくされるんですが、きつい言い方かもしれないけれど、恋人のこと、結婚相手のことっていう質問は、結局、男と女のことしか考えてないってことなんですよね。私は、そういうときは、「ほかに考えることないんですか?」って聞くんですよ。話題が全部、恋人のこと、結婚のこと、いい人に出会わないとか、お見合いした方がいいですかとか、そんなことにばっかり関心を持っているから、相手の人が決まらないのであって、きついかもしれないけど、男性の側からしたら、つまらない女性ってことになるのではありませんか。

◎結婚への関心は、5%程度

だって、ほかに考えることって山ほどあるじゃないですか。「男と女のことなんて考えるのはやめなさい」とは言わないけれども、消費税ぐらいですよね。5%(編集部注=2003年当時)でどうでしょうか。あとは、いかに自分が生き生きと輝いて生きるか、っていうことです。こっちの方が95%です。その95%に関心が行く人であれば、男性は絶対、放ってはおかないでしょう。でも「結婚、結婚」って言ってる女性というのは、実につまらない存在に映ります。

そういう自分に早く気がついた方がいいですし、もう少し高貴に生きるということを選択してほしいんです。どうも、その結婚の話題ばかりしてる人というのは、自分は男と女の話しかしてないんだよ、ってことに気がついてないみたいですね。恥ずかしいということに多分気がついてないです。皆さん、みんなが口にしてるから当たり前だと思ってますけど、口を開けば結婚とか誰かと出会わないだろうかとか、それぱっかり気にしてるのは、やっぱりおかしいんですよ。たとえ結婚のことを考えたとしても、とりあえず5％、消費税分だけにしませんか。

同じことが、親子関係でも言えるんですけど、お母さんで「私にとって、子供は自分の生きがいみたいなもので、子供にすごく関心があるためにいつも言い過ぎてしまって、その結果、子供との関係が良くありません。どうしたらいいでしょうか」っていう質問も多いんですけど、私の答えは「半径2m以内の話をやめなさい」ってことなんですね。そうすると「だって目の前に家庭しかないんですから、どうしたらいいんですか」って言われます。例えば、歴史の本を読むとか、天文の本を読むとか、動物の本を読むとか、植物の本を読むとか……。そうすると、話題がものすごく豊富になるんですね。そしたら、目の前の植物を見たときに「これはハーブ（薬草）の一種でね。心をリラックスさせる作用があって、毒を中和する効果もあるんだよ」って言えるでしょ。

そういうふうに子供に話をしてあげると「へえー」って言って、植物に突然興味を持って、偉大なる植物学者になる可能性があるかもしれないですよね。でも、親がその子供の身の回りを見張ってて、半径2ｍ以内の話しかしなくて、ただ口うるさくて、子供のあら探しをするだけの母親っていうのは、本人もつらいけど、子供をどんどんダメにしていくような気がします。

◎半径2ｍ以内の話は、しない

とりあえず、どうしたらいいか。最初の第一歩は、自分の身の回り半径2ｍ以内の話を一切しないってことですよね。どんなことでもいい、たくさん勉強して、子供のあら探しをするんじゃなくて、しつけ、しつけって気合いが入っているような親ではなくて、子供に対して笑顔で語れるような親になれたらいいですよね。

それは、親子関係も男女関係も一緒なんですよ。結婚、結婚なんてことを考えなくていいから、とにかくたくさんの本を読む。そうすると、ちょっと野に咲く花を見たときにも、

「あっ、この花はね。承久の乱のあと、佐渡に流された順徳上皇が都を懐かしんで寂しく過ごしてたんだけど、この上品な花を見たときに、しばしの間、都のことを忘れさせてくれた、ということでミヤコワスレっていう名前がついたんだって。だから花言葉は、しばしの憩いなんだよ」とか、そういうことがしゃべれるようになると、その人のことを〝豊かな人〟って言うんですよね。

たくさんの財産を持って、高貴に生きるということを選択した人なんです。結婚のことを考えるのは５％、消費税分だけ、というのはどうでしょう。

16

世を捨てたい

投げかけないものは返ってこない

愛すれば愛されるし、愛さなければ愛されない。
宇宙の構造はとってもシンプルで、
投げかけたものが返ってくるのだから、
〈世捨て人〉〈世・捨てられ人〉というのは
そういう関係で存在するんですね。

――私は、聖者とか仙人とかにとても憧れていて、将来は山にこもって静かに隠遁(いんとん)生活を送りたいと思ってるんですが、周りの人からは、あまり理解してもらえません。正観さんは、隠遁生活をすることや世捨て人になることをどう思いますか。

投げかけないものは返ってこない。愛すれば愛されるし、愛さなければ愛されない。嫌えば嫌われるし、嫌わなければ嫌われないんです。宇宙の構造は、どうもそういうふうになってるんですね。

〈世捨て人〉って言葉がありますけど、**〈世捨て人〉って世の中には存在しないと思います。でも〈世・捨てられ人〉は存在します。**もしね、ものすごく徳の高い人がいて、この人の話をちょっとでも聞きたい、話を聞かなくても、この人のそばにいると、とても温かい気持ちになる、勇気づけられる、元気になる、というような人がいたとします。この人が「私は60歳になったので、静かに山にこもりたいと思う」って言って、遥(はる)か遠い山の彼方(かなた)に住んだとしますね。三日三晩かけて山を歩いていかないと会えないような山奥にこの人が住んだとしますね。そうしたら、本当にこの人の話を聞きたい、この人の温かさに触れたいと思ったら、逆に三日三晩かけないと行けないようなところであればあるほど、ほかの人は行かないだろうと思って、私なんかリュックサック担いで行きそうですよね。

この人の話をゆっくり聞けると思って。都会にいてくれるよりも、そっちの方がずっといいですよね。だって、ゆっくり話を聞けそうですから。

で、そういうふうに、この人に会いたいと思って人が訪れていくようになったら、世の中の人たちが、この〈世捨て人〉を放ってはおかないというわけですよね。〈世捨て人〉が〈世捨て人〉でいられるっていうのは、〈世・捨てられ人〉だからです。わかりますか？

投げかけたものが返ってくるんです。ですから「俺は〈世捨て人〉だ」って言ってる人は、実は〈世・捨てられ人〉なんです。自分は人を愛することをしないで嫌っているから、ほかの人もその人を嫌って、やって来ないんですね。

◎隠居させてもらえない人

千家三世の時代、千利休の孫で千宗旦という人がおりました。後妻の連れ子である三男の宗左、四男の宗室というのがいまして、自分のやっていた千家の茶道で１０００人を超える弟子がいたんですね。公家や武家の殿さまのほか町民もいました。

で、70歳になったとき、三男の宗左に家督を譲りまして、自分は裏に家を建てて隠居をしたんです。そしたら、１０００人の弟子たちの半分は「宗左先生よりも宗旦先生の方につきたい、宗旦先生に教えを乞いたい」って言って、半分は宗旦の方へ鞍替えしてしまったんですね。裏に建てた庵なので、それを裏千家と呼ぶようになりました。裏千家が先に存在するんです。裏千家が先に成立したために、表側にある千家はどうしても〝表〟を名乗らなくちゃいけないので表千家を名乗りました。

で、10年後、宗旦が死んだときに、その四男の宗室が身の回りの世話をするために、宗旦に付き従っていたので、自然に宗室が、裏千家を継ぐことになったんです。それで裏千家・宗室、表千家・宗左になったわけなんです。

宗旦は〈世捨て人〉にしてもらえなかったんですよね。70歳で隠居をしようとしたのに、また現役になってしまった。その結果として、裏千家になってしまったんです。愛すれば愛されるし、愛さなければ愛されない。宇宙の構造はとってもシンプルで、投げかけたものが返ってくるのだから、〈世捨て人〉〈世・捨てられ人〉というのはそういう関係で存在するんだ、ということなんですね。

都会の聖者、都会の仙人もいいんじゃないですか。

ストレッサー

ストレスを与える物、こと、人を「ストレッサー」と言います。

江戸(えど)時代（今も）、宿（旅館）や茶店、食事処(どころ)では、タクアンを出すとき2切れで出しました。

ひと切れは「ひと切れ」＝「人を切る」につながるために嫌われ、さらに3切れ（みきれ）は「身を切る」＝「切腹する」ということで忌み嫌われたのです。

ただし、ひと切れや3切れを嫌うのは武士が中心でした。「刀」に関係なく、「切る」ということにも遠い町人や商人は、別にタクアンが何切れであろうとかまわなかったのです。

タクアンは武士にとってストレッサーだった。しかし、町人や商人にはストレッサーではありませんでした。同様に、江戸のウナギは「背開き」です。「腹を切る」ことを忌んだのです。江戸の住人は半分が武士でした。

一方、町人の街・大阪では、「腹を切る」ことはストレスでもなんでもなかった。だから同じウナギでも、大阪では「腹開き」になりました。**武士には「腹を**

切る」ことが、それがたとえウナギであってもストレッサーだったわけです。

ここで、改めて考えてみます。

宇宙に、絶対的な存在として「ストレッサー」がいるのだろうか、あるのだろうか、と。「私」がストレスを感じ、イライラしたとします。その人や現象は、淡々と、無色透明で存在しているだけで、「私」がイライラした瞬間に、それが「イライラさせる人」や「イライラさせること」になったのです。「私」が「ストレッサー」を生み落とした……。

では、「私」がイライラしなかったら。

「私」がイライラしなかったら、「その人」や「そのこと」は単に通り過ぎるだけのもので、何も「ストレッサー」などではなかったのです。「私」が「ストレッサー」を生み、誕生させている……。

「それでもイライラする私がいます」という方は少なくありません。その解消法をお教えしておきましょう。

「ストレッサー度」10という人がいるとします。「私」の寛容度&許容量が5とか

6だとイライラするのです。もし「私」の寛容度&許容量が20であれば、ストレッサー度10の人の言動は苦になりません。

でも、まれに人の10倍、ストレッサー度100の人がいるではないか、現れたらどうするんだ、という場合もあるでしょう。そういうときに「私」の寛容度&許容量が200であれば問題は生じないのです。

どんなストレッサー度の人が現れても、「私」の寛容度&許容量を毎日高める訓練をしていれば（仮に寛容度&許容量を1000にしていれば）、普通人の20倍のストレッサーであっても30倍であっても、「感じない」。

「忍耐」「辛抱」「我慢」も美徳ではありますが、根源的には「気にしない」こと、さらにその奥「気にならない」ところまで行けば、「私」の人生はとても楽になるのです。

第3章

「人間関係の悩み」がゼロになる8つの解決法

17 悪口を言う

すべてがあなたにちょうどいい

悪口を今日から言わないことにする。
そうすると周りの人たちと波動が違ってくるので、
友人が変わってきます。
その人たちとは疎遠になって、
言わない人が寄ってきて新しい仲間が形成されます。

――〈不平不満、愚痴、泣き言、悪口、文句〉を言わないということでしたが、自分でそう努力をしていても、例えば職場の仲間と話をしたりすると、どうしても上司の悪口の話題なんかが出て「つい乗っちゃう」ということがあるんですが、こういうのはどうしたらいいんでしょうか。

釈迦の言葉に「すべてがあなたにちょうどいい」という言葉があるんですね。

今のあなたに今の夫がちょうどいい
今のあなたに今の妻がちょうどいい
今のあなたに今の父母がちょうどいい
今のあなたに今の子供がちょうどいい

子供も兄弟も上司も部下も友人も、すべてがあなたにちょうどいい、っていうのがありまして、私、結婚してからずっと嫁さんの悪口を言ったことがないんですね。「こんなひどい嫁さんなんだ」って言った瞬間に「それにちょうどいい夫なんだ」って言われてしまうわけです。で、今の話は「私の友だちにこういう人がいるんですけど」ってそういう質問が必ず出ますが、私はいつも同じ説明をしています。〈すべてがあなたにちょうどいい〉。

ちょうどいい仲間が身の回りを取り囲んでいるんです。

だから「私は、悪口を言ったことはないんですけど」っていうのは、あり得ないと思いますよ。必ず一緒に便乗して、必ず一緒に悪口を言い、愚痴を言ってたはずですね。で、それを今日から言わないことにする。そうすると周りの人たちと波動が違ってくるので、友人が変わってきます。その人たちとは疎遠になって、言わない人が寄ってきて新しい仲間が形成されます。それは、自分が変わったという結果ですね。

◎頭の中の記録を入れ替える

でも「〈不平不満、愚痴、泣き言、悪口、文句〉を言わないというのを、なんとかやろうと思うんですけど、心に思うのはいいんでしょうか」というのがよくある質問なんですけど、口に出さなくても心に思っていると3カ月持たないんですね。絶対、必ず言ってしまう。そこで、思わなくするためにはどうすればいいかというと、今、頭の中に入っているフロッピーディスク（編集部注＝コンピュータの記録メディアのひとつ）を全部取り出して、全部って1枚だけですけど、ガチャンて取り出して捨てます。それで、新しいフロッピーを入れるんですけど、新しいフロッピーには何が書いてあるかというと**「私の周り**

で起きるすべてのことは、全部自分がシナリオを書いた」ということです。そうすると、そこから先は絶対に〈不平不満、愚痴、泣き言、悪口、文句〉が出てこなくなります。

なぜならば、シナリオを書いたのは自分自身だからです。文句を言う相手はどこにもいないんです。文句を言いたいんだったら、自分に言えばいいんですけど、自分に言ってもしょうがないわけですから……。自分がシナリオを書いたんだ、ということをガチャンと本当に今この瞬間に入れ替えると、その瞬間から文句は出てこなくなります。そのシステムがもう働くようになりますから。それを3カ月か半年か、人によって違いますけど、〝言わない〟っていうのを続けていくと、必ずプログラムが見え始めます。神とか宇宙というのは、あるシステムなんですよ。自分がそれに合致さえすればプログラムが働く。合致しなければ、プログラムは働かないということなんですね。

頭の中に入っているフロッピーをそろそろ取り換えませんか。

18

話が苦手

言葉は人を温かくする贈り物

はっきりとした自覚を持って、
人を温かくする言葉、明るくする言葉、
優しい気持ちにする言葉、励まし力づける言葉……
そういうものしか、もう自分の口から
出てこないようにしようって決めたんです。

——心では思っていても、なかなか口に出して表現するというのが苦手な性格なんですが、気持ちが優しければ、口が悪くても、また、口に出して伝えるということをしなくてもいいんではないでしょうか。

　自分の口から出てくる言葉が、温かい言葉、人を優しくする言葉、明るくする言葉でしかないように、自分の口から出てくる言葉を彩りたい、って考えた人がいます。良寛和尚(りょうかんおしょう)という人です。良寛さん。この人は幕末の人で１８３１年に74歳で死んだんですね。非常に貧しい乞食坊主(こじきぼうず)だって自分で言ってまして、自分は人に対して物やお金を贈り物として与えることが全然できない。でも、いつも人に対して何かを贈りたいと思っている。では、自分に贈れるものは何か。それは〈言葉〉である、というふうに言っていた人なんですね。

　自分の口から出てくるすべての言葉が、人を温かくする言葉、そういうものでありたいって規定をして生きてきた人だったんですが、この思想を〈愛語(あいご)〉と言います。私は、それを聞いてハッとしまして、それまで「〈不平不満、愚痴、泣き言、悪口、文句〉を言わないようにしましょう」と言っていたんですけど、良寛さんのこの話を聞いたときに、それらを言わないだけではなく、それをゼロにするだけではなくて、私の口から出てくる言葉は、はっきりとした自覚を持って、人を温かくする言葉、明るくする言葉、優しい気持ちにする言葉、励まし力づける言葉……そういうものしか、もう自分の口から出てこないようにしようって決めたんです。

で、それを続けていくと、これまでも私は友人・知人にすごく恵まれてきましたが、その人間関係の厚みがもっと増した気がしてるんです。そういうものだけで自分の言葉を彩るって今日から決意をすると、人間関係が多分変わってきます。**自分の口から出てくる言葉全部が、人を温かくするものであるって規定をして、その言葉を贈り物とする人は、豊かな人っていうんですね。**お金や物っていうのは、あげてしまうと自分のところからはなくなります。でも、言葉というのはいくら出してあげても、無尽蔵に存在するものなんです。と同時に、それを外に出さない限りは持ってないのと同じなんです。

言葉は、出せば出すだけ贈り物になる。出して初めて存在が確認されるんです。だから、心の中でいくら思っていても、それは出さなければ絶対、贈り物にはならないんです。「今日はそのネクタイ似合ってますね」って思ったら言ってあげる。「今日はそのスーツ素敵ですね」って思ったら言ってあげる。それが、その人を励ましたり、勇気づけたり、元気づけたりする言葉であるならば、全部それが贈り物になるってことです。で、そういう言葉を贈り物にできる人が、実は本当に豊かな人になるんですね。

◎お金に言葉をかけてあげると……

こういうおもしろいお話があります。神戸に何千坪という大邸宅を構えてる方がいらっしゃるんですが、その方は50年間、同じことをやり続けてきたそうです。それは、特別なことではなく、**自分の家に来た一万円札や五千円札や千円札に対して「今度帰ってくるときは、仲間をたくさん連れて帰ってくるんだよ」って言い聞かせるそうです。**それを50年間やっているそうです。で、本当にちゃんと仲間を連れて帰ってくるそうです。その方が言うには、「お金そのものに罪はない。お金というものを嫌っていませんか」って言うんですね。

お金そのものには罪がない。ただ、集め方が汚いとか、使い方が汚いということはある。だから、それについて自分の身を律して、使い方・集め方を美しいものにしようと考えるのはいいけど、なぜ、お金そのものを毛嫌いしたり汚いものと考えるのか、というのがその方の意見です。その方は、本当に親しみと愛情を込めて「いい仲間を連れて帰ってくるんだよー、たくさん仲間を連れて帰ってくるんだよー」って言ってるそうです。それを50

年やってきたら、現在、大邸宅に住んでるそうです。

物には確かに意識がある。そうすると、そういうふうに温かい言葉をかけてくれる人と、お金なんか汚いものだと思っている人とどっちのところに、お札が戻りたいかっていうと、やっぱり温かい声をかけられたところに帰りたいんじゃないかって気がしますね。じゃあ、人間も一緒なんじゃないですか。いくら出しても無尽蔵に存在するものを私たちはたくさん持ってるんですから、独り占めはしないでくださいね。あなたの出す温かい言葉は、すべて贈り物なんですよ。たくさんの贈り物を届けてあげませんか。

19

叱ってしまう

メッセージを伝えるだけでいい

してはいけないことをしたときに、
「君がそういう状態になってるのを見ると、
私は悲しい」って言うだけで、
もういいんです。

——威張る、怒鳴る、怒るという感情のほかに〈叱る〉というのがありますけど、叱るというのは、ある種の厳しさに基づいた注意の仕方だと思います。叱るということも、威張る、怒鳴る、怒るという感情の中に入るのでしょうか。

〈叱る〉っていうのは一応、威張る、怒鳴る、怒るという感情の中には入ってないと思います。ただ、個人的な意見で言いますと、叱るっていうのは子供と私の関係でしかないんですけれども、私は叱ることもほとんどしません。

例えば、親子の問題とか、上司と部下の関係も同じことなんですが、私の子供は、父親に好かれたいらしい。月に1回か2回ぐらいしか帰ってきませんから、私の顔を見ると「何かお手伝いすることありませんか」っていつも聞いてきます。私は原稿を書くのが仕事ですから、特に手伝ってもらうことはないんですけれども、「ありがとね」って言って、たまたま50通くらい人に封筒を出さなくちゃいけないときに、封筒貼りなんかをお願いすると嬉々として喜んでやってくれます。**この子が父親に好かれたいという状態になってしまうと、父親の側からは叱るっていうこともほとんどしなくて済むんですね。**

例えば、してはいけないことをしたときに、「君がそういう状態になってるのを見ると、私は悲しい」って言うだけで、もういいんです。それは、叱ってるのとは、ちょっと違うんですね。ただ「そうなると悲しいんだよ」って伝えるんです。で、この子が父親を悲しませたくない、と思ってくれたらすべての問題が全部解決するでしょう。

この父親が、この母親が、この先生が、この社長が、この上司が、その人との関係で全部「そうなってしまうと悲しい」って一言言うだけでいいんです。それは叱るっていうのとは違うんですね。怒鳴る、怒るという上の段階で、叱るというのがありますけど、そこでとどまることなく、メッセージを伝えるだけでいいんです。そこまでいったら、人間関係はものすごく円滑に流れ始めると思います。

◎すごい人になってしまいましょう

子育てに苦労しているお母さん方が随分いらっしゃるんですね。それから、部下の掌握に悩んでる上司の方もたくさんいらっしゃるんです。結局、解決策は全部ひとつです。〈すごい人になってしまう〉。この人から好かれたくて好かれたくてしょうがない、この人の信頼を裏切りたくないっていう関係になってしまうこと。愛の深い人であり、明るい人であり、温かい人であり、それの実践者であるということです。どんなにいい話をたくさん知っていても、その人がそこで爆発してしまって怒ってしまうと〝実践者〟じゃないんですよね。

人間の価値というのは人格論で言いますと、睡眠が足りている、仕事もうまくいっている、ボーナスも出た、家族も順調で、自分の健康にも問題がない、そういうときにニコニコできるのは1000人が1000人ともできるんですよ。それを人格者とは言わないんですね。でも、睡眠が足りなくて、仕事もうまくいってなくて、ボーナスも出なくて、家族も荒れている。それで健康も優れない。1000人が1000人ともイライラして、愚痴を言ってもしょうがないようなときに、ニコニコしていられるかどうかが、この人の人格を決めるんだということです。

ですから、悪い条件のときほどニコニコして笑顔でいられるかどうか、それが人格者というものなんです。それがイコール実践者。〈実践者イコールすごい人〉なんですね。〝すごい人〟になってしまいましょう。

20

絶対に勝ちたい

〈戦いモード〉から〈喜びモード〉へ

勝たなくてもいいから、
恨みや悲しみを残さないようにする。
そこでひとりでも多くの人が
幸せに楽しくなれるような試合をして
帰って来ればいいんです。

——私は少年サッカーチームの監督をしていますが、トーナメントに出場し、勝ち残るためには数人メンバーをはずさなければならないんです。本当は、どの子も試合にすごく出たがってるんですね。私は監督として、どのような指導をしていけばいいでしょうか。

勝つためには誰かをはずさなければならない、というのは西洋的な思想であって、実は1996年ごろから日本の歴史というのは、全然方向が違ってきているんです。**勝つためにとか、利益を上げるためには、どのような悲しみもそこに持っていってもいい、という考え方は、96年ごろから通用しなくなってきているんです。**93年ごろから徐々に傾向が始まっていましたが、96年あたりからはっきりしてきました。

神というものが存在するならば、あるいは宇宙というものの意思があるとするならば、明らかに、それ以降、流れが変わったんですね。30年ほど、こういう研究をしてきて、はっきりとわかるんですけど、93年ごろまでは、力の強い者や権力的なあるいは立場の強い者が主になって、神の支援も受けていたんです。そのときの神さまは、強い者を指導者として支援をするという選択肢しかなかったみたいで、そういう時代だったんです。

でも、どうも96年ごろから明らかに流れが変わり始めました。そのころから、甲子園の高校野球では、練習をスパルタ的に徹底的にやってきた学校は優勝できなくなりまして、逆に「みんなで笑顔で楽しくやろうよ」っていう学校だけが優勝するようになってきたんです。それから、ブラスバンドなどで中学、高校の吹奏楽団がコンテストに出たときも、スパルタでやってきたところはやっぱり優勝できなくなって、「楽しくやろうよ。音楽ってもともと音を楽しむものだから、本当は楽しめばいいんだよ。じゃあ楽しくやろうよ」って言い出した学校のそういう考えの先生に指導を受けてきた生徒たちの音が、すごくいい音になってきたんです。そんなブラスバンドが優勝するようになってきました。

でも審査員の人たちは、20年来変わっていないので、そういうやり方を気に入ったから優勝させてるのではなくて、明らかに音が違うってことです。まったく違う音を出してくるようになったんです。今までの限界の野球だとか、限界の音を超えるものを、みんなが創り出して投げかけるようになったということなんです。

◎憎しみを残さない方法で

本当に96年ごろから流れが変わりましたね。それは、経営の中でも同じことが言えるんですけれども、恨みを抱かせたり、公害を流したり、そんな方法で利益を追求して、日本の工業社会は栄えていくんだ、というのは大義名分としてもう成り立たない時代になったんですよ。それは、勝者とか強者ではなくて、いかに恨みや憎しみを残さないかっていうことが中心的な価値になったからなんです。

そういうふうに時代が変わった今、試合に勝つためには誰かをはずさないといけないという考えは、それは違うんですね。勝たなくてもいいから、恨みや悲しみを残さないようにする。あなたは、監督として決勝戦まで残りたいって思っているでしょうけれども、残らなくていいんです。でも、結果として残った場合は、そこでひとりでも多くの人が幸せに楽しくなれるような試合をして帰って来ればいいんであって、勝つために行くんではないということなんです。

◎〈喜びモード〉に切り替えて

すごく変なことを言いますけど、アメリカの国連まで行って「世界からオリンピックをなくせ」って言った人がいます。「オリンピックをこの世から追放しなさい」って大真面目に言いに行った人がいるんです。それは、オリンピックが開催されるときには疫病が流行る。ものすごく伝染病が流行る。あるいは、テロなんかが頻繁に起きるっていうのを実証的にずーっと挙げていって、わかったことは、世界中が〈戦いモード〉の心になってると、どうも波動がすごく落ちるみたいで、そのときにどうしても人の心は荒れるみたいだということです。そういうデータをもとに実際に国連の本部まで言いに行った人がいるってことなんです。冗談みたいですけど、すごい話ですよね。でも、もちろん一蹴されて「バカなことを言うんじゃない」って、まったく相手にされなかった。でも本気になって真剣に考えている人がいるんですよね。

オリンピックにしてもW杯にしても「勝たなくちゃ意味がありませんものね」って言ってるマスコミの解説者とかが必ずいるんですね。で、私はそういう言葉を聞くたび、非常に悲しい思いをするんですが、というのは、日本が一番早く、そうじゃないということに気がつかなくちゃいけないし、一番早く気がつくところにいるんですよ。

戦わないこと、比べないこと、争わないこと、というのが、世界中で最もできてるのは日本人なんですね。どうぞ、〈戦いモード〉から〈喜びモード〉に切り替えて、メンバー全員が幸せで楽しくなるような試合をしてきてください。

21

家族が反発

自分がどう実践するかだけを考える

「私」が実践するだけなんです。
他人に押しつける必要はありません。
〈生半可（なまはんか）の半可通（はんかつう）〉という言葉を
ぜひ覚えておいてください。

――正観さんのお話を聞いて、家族の者にも日常生活の中で実践させたいんですが、なかなか耳を傾けてくれないのですが……。

「どう実践するかだけ」ということですね。

こういうお話をしましょう。及川裸漢(おいかわらかん)っていう人がいたんですね。当時80歳くらいだったと思います。大笑い協会っていうたすきをかけていて、半ズボンで頭がツルツルで上半身裸で、駅や町中、地下鉄の中と、真冬の1月2月でも裸で歩いている人だったんです。その及川さんが、2月にある全国紙の記者からインタビューを受けたんです。

で、記者が自宅にインタビューに行った。大笑い協会の会長だから、自宅に20畳くらいの板敷きの道場があるんですね。そしたら、室内の気温が28度で、石油ストーブが2つカンカン真っ赤になっていた部屋だったんです。その記者は2時間くらいインタビューをして、帰ろうとしたとき、どうしても最後に意地悪な質問をしたくなった。「及川さん、いつもあなたは裸で外を歩いていて、顔と体を同じにしよう。体がいつも外に出ていれば顔と同じようになります。だから無理して服を着る必要ないですよ、ワッハッハって笑って、上半身裸で大丈夫なんだっていうことを言ってきてるけれども、あなたは寒いときは、いつもこんなに部屋を暖かくしてるんですか」って我慢しきれなくなって聞いてしまったんですね。

すると、ワッハッハッと笑った及川裸漢さんがこう言った。「いやいや、記者さんは普通の人だから、おいでになる2時間前から石油ストーブをカンカンおこして、部屋を暖めておきました。普段はまったく火の気がありません」。その記者は驚いて「じゃあ、私がこの最後の質問をしなかったら、誤解したまま帰ったかもしれないじゃないですか」って言ったら「別にそんなことはかまいません。誤解されてそのように書かれても一向にかまいません」と言ったんですよ。

◎誤解されたってかまわない

その「誤解されてもかまわない」というすごさも2割くらいあるけれども、もっとすごいのは「記者さんは普通の人だから、2時間も前から部屋を暖めてました」――この言葉のすごさなんですよ。私たちは、ちょっと勉強すると〈生半可の半可通〉と言って半分だけ通(つう)になる。生半可にものがわかったときは、必ず人に説教しようとする。けれども、裸漢さんは、普通の寒がりの新聞記者が外からやって来たら、絶対に部屋が寒いであろう。普段は火の気がまったくないけど、この記者さんのために2時間も前から部屋を暖めていたというのですね。裸漢さんは、本物中の本物ですよ。自分は信念で生きているのだから、どんなに書かれようと誤解されようとかまわない、と思うのは本物だからこそです。そういう人を〝達人〟って言います。

自分が何かの価値観を持っていて、自分が信じ込んでそれを実践しているのはかまわない。自分の趣味ですからね。でも、その趣味を人に押しつけるというのは、やっぱり〈生半可〉なんですよね、わかり方が。

生半可にわかった人間は、すぐその価値観を振り回そうとする。本当にわかった人は、自分だけその世界で楽しんでればいいのであって、その価値観を人に押しつけることはしないでしょう。

「私」が実践するだけなんです。他人に押しつける必要はありません。〈生半可の半可通〉という言葉をぜひ覚えておいてください。ちょっと精神世界の勉強をしたり、いろいろなセミナーに行って、もの知りになった半可通の人間は、必ずや妻や子供にしゃべり始める。

「本物は、しゃべらない」ということを覚えておいてください。まず、自分が実践をするということなんです。

22

生徒が反抗的

厳しい先生ではなく「すごい先生」になる

個々の問題を解決するんじゃなくて、
この先生から好かれたくて
好かれたくてしょうがない、
そういった人間関係をつくることが
早道の解決方法ということです。

──私は教師をして3年になるのですが、なかなか生徒が思うようにならなくて困っています。厳しくすると反抗しますし、逆に優しくするとバカにされるんじゃないかという思いがあって、どのように指導していったらいいのかと行き詰まっています。どうすれば生徒たちは、ついてくるのでしょうか。

私の方法論は、ちょっと違うんですよ。それは「すごい先生になってしまいましょう」ということです。私はね、**個別の問題に対してこういうふうに解決しましょう、っていうことはあまり言わないんです。それはもう多分無理だと思います。**個別の問題を全部片づけようと思ったら、１００年、２００年かかると思いますよ。学校の現場は、個別の問題に取り組むよりも、先生がすごい先生になること、ものすごい先生になることなんです。そうしたら、個々の細かい問題はかなり片づいていきます。

今の教育システムの中では、個々の問題に取り組めば取り組むほど、アリ地獄に落ち込みます。何ひとつ解決できません。それは今の教育システムは、システムそのものが破綻しているからです。だから、先生としては個々の問題を解決するんじゃなくて、この先生から好かれたくて好かれたくてしょうがない、そういった人間関係をつくることが早道の解決方法ということです。

もし、本当に問題を解決したいんだったら、「その個々の問題に取り組むよりも、半年か1年かけて、すごい先生になる」というのはどうでしょう。そうしたら、これから起きるかもしれない多くの問題が解決します、ってことなんです。

98年の夏に横浜高校が甲子園で優勝しましたよね。この野球部の監督のインタビュー記事が朝日新聞の「人」って欄に載ってたんですけど、毎年１５００通の年賀状が来るそうです。その半分の７５０通が野球部のＯＢだそうです。スパルタ式でものすごく厳しい指導をしてきた監督に対しては、野球部員でいるときは仕方なく言うことを聞いてくれるけれども、卒業してからは誰も監督に年賀状を出さないものなんですよね。それが、ＯＢから７５０通も来てるっていうことは、どれほど人格者であるか、すごい監督であるかということがうかがい知れるんですね。

で、この監督は、多分技術的にすごいことを生徒に教え込んだんじゃないと思いますよ。やっぱり、この監督から好かれたいとか、この監督から評価されたいっていうことで、生徒は一所懸命、野球に打ち込んだのだと思います。それが、７５０通という年賀状の数字に表れてると思います。

高校野球の技術のレベルって、ほとんど変わりはないですから、紙一重です。最後の最後で、やる気になるかどうかなんですよね。それがイヤイヤやらされてきたのと「この監督を男にしたい」っていうのとでは、ものすごく差が出ると思います。

もちろん、それは親子関係でもそうなんですけど、子供が万引きをしてるとか、子供がほかの子供を傷つけたとか、ケンカばっかりしてる、やれ反抗的になってきた……って、随分相談を受けるんですが、そのときに、私の答えは決まってるんですね。〝すごい親になってしまいましょう〟。

◎子供の方から追いかけてくる

子供の側を向きすぎていませんでしたか？　これからは反対に、背中を向けて「もう私は、あなたに関心はない」っていう顔を見せて、背中を向けて、ずーっと前を歩いていきませんか。そしたら、魅力的でおもしろい母親になるから、子供は一所懸命追いかけてこようとします。

でも、魅力的でない母親なら、子供は追いかけようとしません。言われれば言われるだけ、全部反抗しようとします。言われたことの全部反対をやる。それは、嫌われたくて嫌われたくてしょうがないからです。そういう人間関係で何をいくら言っても、この子は親の思う方向に行くことは多分ないですね。

だから、その子のいけないところ、ダメなところをツンツン突っつくようなイヤな母親の役はやめましょう。その子供に関心を持たないで、とにかくおもしろくて、すごい母親になってしまうんです。この母親は、ものすごく一所懸命で、すごく勉強をしてる。いろんなことをよく知ってる。しかも、それを実践してるっていう母親になったら、子供は人間として一番身近な母親なり父親なりを尊敬し始める。だって、一番身近にいるんですから、その人が実践者であるっていうのはすごく重要です。だから、親の方が先なんです。とにかく親が勉強をしている。その勉強も知ったかぶりをするんじゃないんですね。

◎女王陛下さまになっていませんか

『千夜一夜物語』ってご存じですか。アラビアンナイトです。ある王さまが、一夜をともにした娘たちを全部翌朝、殺していったんですね。それで、周りに若い娘がいなくなってしまって、大臣の娘しか残らなくなってしまった。ついに、ある晩、大臣の娘が行くことになったとき、大臣が「一所懸命おもしろい話をしなさい、明日の夜も聞きたくて聞きたくてしょうがない話をしてらっしゃい。そうすれば、多分殺されないのではないか」と言うので、その娘は一所懸命おもしろい話をして聞かせた。王さまは、翌日もその楽しい話を聞きたくて娘を殺さなかった。２晩目もその大臣は、一所懸命おもしろい話を娘に聞かせて、その同じ話を娘が王さまに聞かせた。王さまは、またまたおもしろくて「３日目も聞きたい」ということで、ずーっと娘を殺さなくて、ついにそれが千一夜続いたので『千夜一夜物語』っていうんですね。

それが千一夜続いたときに、ついに王さまは初めて「あー、私が間違っていた。申し訳ないことをした」って謝って、そこで初めて毎朝殺すというのは、やめになったわけです。その娘の名前がシャハラザードっていうんですけど、そのシャハラザードっていう娘の名前を知ってるのと、知らないのとでは全然違いますよね。そのアラビアンナイトの話を語って聞かせられるかどうかってだけでも、勉強してるかしてないかの差が出ますね。

そういう話を山ほど知っていて、１０００でも２０００でも積み重ねていくと、子供はこの母親から「話を聞きたい、聞きたい」って思うようになります。そしたら、この母親から嫌われたくなくて「とにかく話を聞かせて、もっと聞かせて」って言うようになる。で、そうなったらオールマイティーだってことです。

全部のお母さん方がそうではありませんが、母親は家の中で女王陛下さまになってしまってはいないでしょうか。子供に対して怒って、お父さんに対して怒って、威張って、というだけのポジションで生きてるから、子供はそれを見て反抗するのは当たり前なんですよね。だから、やっぱり、素晴らしい母親や父親、先生になってしまうのがオールマイティーの解決策だと思います。

私も知人に先生がたくさんいますので、学校現場には本当に大変な問題がたくさんあるのはよくわかります。でも、その一点一点を全部克服しようと思ったら、本当に50年か100年かかると思いますので、その方法論はやめましょう。

それよりも、半年ぐらい目いっぱい勉強をして、すごく魅力的な先生になってしまうっていうのはどうでしょうか。子供たちから好かれて、好かれてしょうがない先生になる。そういう「私」を形づくりませんか。

誤解されたとしてもいい、
いつかはわかってくれると思いながら
生きていけばいいんじゃないですか。
これからの生きざまを見せ続けるという方法でです。

――私は、自分のおせっかいで友人の子供さんを傷つけてしまったことがあるんです。それで、その友人からはとても恨まれてて、つらい思いをしています。私は、その人と話し合いをして和解した方がいいんでしょうか。

まず第一の問題としては、頼まれないことを自分が独自の判断で何かをしてあげようと思うのは、やめた方がいいです。頼まれたら、いつでも誰に対しても人を選ばないでやってあげるというのは、ぜひやってほしいけれども、**頼まれないのに自分の判断で「この人は、きっとこれが必要なんだろう」っていう関わり方をしない方がいいと思います。**それは〝小さな親切・大きなお世話〟ってことですから。

人間関係のトラブルっていうのは、距離感がある程度あってトラブルになることはないんです。距離感が遠すぎてトラブルになることはないんですけど、近づきすぎるとトラブルになる。やはり踏み込んじゃいけないエリアがありそうです。だから、頼まれてもいないのに自分の勝手な概念で、踏み込まない方がいいと思いますね。

カリフォルニアのどこかの刑務所で、殺人犯をアンケート調査して調べていったら、殺人を犯した人のイライラする距離っていうのは2・2mなんです。2・2m以内に別の人間が入ってくると、イライラしてくるっていうのが殺人を犯した人の平均的な距離だったんですね。ちなみに一般の人は0・7mだそうです。70㎝以内に入ってこられるとイライラする。そうすると、人間というのは平均でいうと1・5mから2mくらいのところに踏み込まれるとイライラするみたいです。でも遠すぎるのは関係ない人だから、遠すぎてイライラすることはないんですよね。

友人にしても家族にしても同じなんですけど、近寄りすぎないことです。もし、他人に対して踏みとどまることができる問題なんだったら、家族に対しても踏みとどまれるはずですよね。でも、家族だったらこれを言ってもいい、というのは甘えなんですよね。人間関係で大切なことは〝距離感〟だと私は思います。

それから、友人の子供を傷つけてしまったということですけれど、人が傷つくということは、その傷ついた人その本人の生まれる前からのプログラムだから、誰かのせいと考える必要はないと思います。だから、それを思い悩む必要はないですし、自分がつらく悲しいと思う必要もないわけです。ですから、その誤解されていることに関して、一所懸命相手に事情を説明して、わかってもらいたいと思うのはやめましょう。ただひたすら後ろ姿を見せて「あー私は、あの人を誤解してたかもしれない」とその人に思わせるような生き方をこれからしていけばいいんです。

◎そのうちわかる、という生き方

忠臣蔵でおなじみの四十七士の中に神崎与五郎という人がいたんですね。浅野内匠頭が切腹をし、藩が断絶したため、浪人になって吉良家の内情を探ったりしていたときのことです。与五郎が屋台で飲んでいたとき、たまたま隣り合わせた町民が与五郎の腕を見て、この男は大工か、もともとお侍をやってたんじゃないか、と思ったそうです。大工やお侍をやっている人というのは、必ず腕の筋肉がすごく発達していて、その町人は与五郎の言葉遣いや物腰などを見て思わず「あんたは元はお侍みてえだが、どこの国の人だね」と与五郎に尋ねたそうです。

「赤穂だが」と答えると「なんだって、じゃあ、あの浅野家の家臣かあ」と町人はびっくりしたんですね。そして「俺たちは、いつになったらおめえさんたちが浅野の殿さんの仇を討つのかと思って楽しみにしてるんだが、一向にそんな気配がねえなあ、ってみんな言ってるぞ。でも本当はそのうちやってくれるんだよな」と与五郎に絡んできたんですね。

そのとき、討ち入りの準備は着々と進んでいたのですが、決して外部には漏らすわけにはいかない。ましてや屋台で出会った男に簡単にしゃべるわけにはいきません。

で、与五郎は「いや、主君の仇討ちなど誰も考えていない。それに、もう自分は普通の町人になった。そんなことは忘れた。今は毎日食べるだけで精いっぱいだ」と答えたんです。すると、町民は目をむいて「なんて意気地のねえ話だ。赤穂のお侍がこんなに意気地なしとは知らなかった。おめえさんなんて名だ」。

「神崎与五郎と申す」

「なにい、かんざけ（燗酒）良かろうだぁ？　俺が冷や酒飲んでるからってバカにするんじゃねえ」と興奮した町人は、酒の勢いもあって与五郎の頭に冷や酒をドボドボと浴びせたんですね。それで「これが本当の寒酒（かんざけ）良かろうってもんよ」と悪態をついて、その町人は去っていったんです。屋台の親父(おやじ)さんは、どんな大ゲンカになるかとハラハラしていたんですが、与五郎は静かに酒を拭きスッと立ち上がると、「あいすみませんことで」と謝る屋台の親父さんに対してニッコリ笑って「そのうちわかる」と一言だけ言って、去ったといいます。

◎生きざまを見せ続ける

その後、見事に吉良邸討ち入りを果たした四十七士は、その討ち入りの約3カ月後、幕府から全員切腹を命じられ、遺体は高輪の泉岳寺に葬られました。泉岳寺には今も四十七士の墓があり、神崎与五郎もそこに葬られています。その後しばらくして、ひとりの町人が与五郎の墓に詣でました。そして、地面に頭をこすりつけて「神崎さん、申し訳なかった。許してくれ」と号泣しました。あの「寒酒（かんざけ）良かろう」と酒を浴びせた町人だったのです。町人は、墓の前で頭を剃り、それから一生、与五郎の墓の世話をする墓守として生きたということです。

神崎与五郎は、決して言い訳をしなかったんですね。弁解も弁明もしませんでした。ただひたすら、生きざまや後ろ姿を見せ続けていったのです。そういった、誤解を解く方法があるのです。謝っても聞いてくれないというのは、つらいことですが、その後のあなたの後ろ姿を見せて「あー、私はあの人を誤解してたかもしれない」と思わせたら、それで良しなんです。でも死ぬ前に誤解を解けなくてもそれで良し。誰かに誤解されたら、それをどうしても「解きたい、解きたい」と思う必要はないんですね。

誤解されたとしてもいい、いつかはわかってくれると思いながら生きていけばいいんじゃないですか。それは、神崎与五郎のように、これからの生きざまを見せ続けるという方法でです。

24 友人を助ける

〈不幸や悲劇は存在しない。そう思う心があるだけだ〉。
もののとらえ方の訓練ができると、
実はすべての現象を変えることができるんです。
あなたが考えることは
〈これからあなたがどう生きるか〉だけです。

——母親を突然交通事故で亡くし、嘆き悲しんでいる友人がいます。暗く落ち込んでいる友人を見るにつけ、どうにかして助けてあげたいと思っています。ぜひ、正観さんのお話を聞かせたいのですが。

私は、自分の母親を心臓麻痺(まひ)で突然亡くしています。その後、父親が、くも膜下出血で1年半の闘病生活の末亡くなったという2つの体験をしました。母親に突然死なれたときはショックが大きくて、ものすごくたくさんの涙が出ましたね。「どうして、もう少し長生きしてくれなかったんだ」って思いましたね。

ところが、10年くらい経って今度は父親が闘病生活に入り、死ぬまで1年半あったときに、その答えがわかったんです。闘病生活を支えていくのは大変なことです。でも闘病生活が長ければ長いほど心の準備ができます。一方で、突然死というのは看病がないので肉体的には楽ですが、精神的にはすごくつらいものがありますね。涙がたくさん出ますね。でも看病する生活というのは、心の準備ができているから涙はあまり出ません。代わりに、汗をかきますね。

人間はどうも涙の量と汗の量が同じみたいだ、ということに気がついたんです。流す水の量は一緒で、体の中から出ていく水の量は一緒みたいです。私たちは、両方均等に味わうことができないんです。

どうも、精神的な大変さと肉体的な大変さを天秤に載せると一緒みたいですね。私たちは、普通は一方しか知らないので突然死されたときは「どうしてもう少し丈夫でいてくれなかったんだ。どうしてもう少し長生きしてくれなかったんだろう」と思います。でも、闘病生活を支えたときは、闘病生活が長くて肉体的に大変だったと思います。

どちらも大変さは同じなんです。流す涙の量と流す汗の量は一緒なんです。名前が、涙と汗というふうに違うだけで実は何の違いもないんです。そういう形でどちらかを体験したときは、大変さはどちらも一緒なんでしょう。だから、こうであったら悲しくて、こうでなかったら悲しくなかったのに、ということはない。どちらもそれなりに大変で悲しいということです。

私は、ずっと魂の研究や超常現象などを勉強してきましたが、最終的に宇宙の法則みたいなものにいくつか気がつきました。それが〈不幸や悲劇は存在しない。そう思う心があるだけだ〉と同時に〈幸福や幸せという名の現象も存在しない。そう思う心があるだけだ〉ということです。もののとらえ方の訓練なんです。**とらえ方の訓練ができると、実はすべての現象を変えることができるんです。**

で、あなたは本当にその友人を助けてあげたいと思ってるんですか？

——はい、助けてあげたいと思っています。

本当にそう思うのなら、あなたが考えることは〈これからあなたがどう生きるか〉だけです。私が今話をしているのは、あなたの生き方なのであって、ここにいない人をどう説得するかという話ではないんですね。

つらくて悲しんでいる人を連れてきて、私の話を聞かせるという、その方法でもいいですけど、私が思うのは、あなたが小林の話を聞いてくださったんですから、あなたが今日この瞬間から、どんなに一般的に言うつらいことやイヤなことがあっても、いつもニコニコ元気良く、楽しげに幸せに生きていく。そうすれば、周りの人を絶対に不思議がらせることができるわけですよね。

◎あなたの生き方を見せ続ける

あなたの日々の生活を通して、あなたという存在を通して毎日、嬉しくて楽しくて仕方ないというような姿をその友人に見せ続けていったら、友人はそんなあなたを見て最後には聞きたくなります。「ねえ、どうしてあなたはそんなにいつも楽しくて幸せそうなの。一体あなたは何やってるの。何か悪い宗教でもやってるんじゃない？」っていうふうに聞いてくる。そしたらそのときに「いやー、実は悪い宗教に入ってるのよね。ありがとう教っていうのをやってるのよね」っていう調子で答える。その友人がわかってくれなくてもいいから、あなたがずーっとニコニコと嬉しそうにやってたら、あなたが楽そうに楽しそうに生きてれば生きてるほど、周りの人はそれを真似(まね)するようになりますよね。でも、あなたがいくら一所懸命、心の勉強をしていても、本人がつらそうに苦しそうにしていたのでは、誰もあなたを真似しようとは思いませんよね。

〝学ぶ〟っていう言葉は、もともと〝まねぶ〟から来てますから、真似をするっていう意味だから、友人があなたの真似をしたくなるくらい、あなたが喜びそのもの、楽しさそのもの、幸せそのものになってしまう。そのときには、悲しみ悩む友人は皆それを〝まねぶ〟ので、ついには悲しむ人がもうあなたのそばにはいない、ということに気がつくのではないでしょうか。

良寛的解決法

気温が30度あるとします。暑いのでなんとかしたい、と思うでしょう。
西洋的解決法（これを一般に〝近代的〟とも呼ぶのですが）は、エアコンを買ってきて、室温を下げることです。25度になれば、確かに涼しくなります。
一方、東洋的解決法というものがあります。30度の気温で言えば、軒先に風鈴を吊るす、というような方法です。風鈴がチリン、チリンと鳴ったときに「私」が「あっ、涼しい」と思えば外の気温を下げる必要はなくなります。

〝内〟なる私が「涼しい」と思えば、〝外〟の気温が30度であろうが35度であろうが、関係ありません。

越後で子供らと「手まりつきつつ」住み暮らしていた良寛和尚に、良寛の兄弟が声をかけました。「自分の子（良寛には甥っ子にあたる）が家業は手伝わない、遊び人で、いつもブラブラし、ろくでもない人間になっている。食事を用意するから、そこでいい話をして、真人間にしてもらうことはできないか」というものでした。

良寛は、何も言わずに「参りましょう」と引き受けました。「食事を用意するから、その甥と一緒に」ということで、甥がご飯の給仕をすることになりました。甥の両親は食事の席におらず、良寛と甥の2人だけの食事です。

食事の間中、良寛は、世間話を二、三しただけで、甥っ子に対して説教めいたことは何も言いませんでした。何か言われたら反論し、怒鳴り、暴れるつもりでいた甥は、拍子抜けしたらしいのです。

「ごちそうになりました。帰ります」と廊下を歩き出した良寛に対し、ますます拍子抜けした甥は、何となく玄関まで見送りについていくことになりました。玄関で、良寛はワラジの紐を結び始めました。そのとき、甥は良寛が涙をこぼし、玄関の土間に涙を落としていることに気がつくのです。

甥は、その涙を見て「ああ、これから俺は真人間になろう」と決意し、そのように生きました。

この話には、当事者が2人しかいない。良寛と甥っ子です。そのどちらがこの話を後世に伝えたのか。もちろん良寛であるはずはない。甥っ子が後世に伝えたのです。甥の心というのは、伝えられていないのでわかりません。ここから先は、私の推測、推論になります。

良寛は、その甥の反抗的態度、拒否的態度の中に、彼の「悲しさ」を見たのではなかったのでしょうか。

人間は、もともと生まれながらにして優しさのかたまりです。敵意や憎しみ、攻撃的というのはあとで身についたもので、もともとそんなものを持って生まれてきてはいない。

甥っ子が反抗的、拒否的であるのも、良寛和尚からはその「悲しさ」のゆえ、と見えたのでしょう。ある家に生まれつき、その家業を継がねばならない。でもイヤだ、イヤだと言っている自分に家族も親戚もつらく当たる。誰もわかってはくれない……。

その結果として彼は、敵意や攻撃性が外に出るようになった。そこを、良寛和尚はわかったのだと思います。流すつもりはなかったけれども、思わず涙がハラハラこぼれた。それを見た甥っ子は、「この人はわかってくれた」と思ったのではないでしょうか。
「わかってくれた人が〝私〟を説得するためにやってきた。その人の立場を悪くしないために、〝私〟は真人間になろう」と決意したのだと思います。

良寛は説教もしなかったし、説得もしなかった。それこそ「何もしなかった」のです。ただ、その人の根底にある「悲しさ」をわかってあげた。その結果、敵意と憎しみと攻撃性のかたまりであった人が根本的に（しかも一瞬にして）変わって、真人間になった……。私たちには、こんなすごい解決法があるのです。

〝私〟の周りにいる人で敵意や攻撃性に満ちた人でも、本当は一瞬にして変わりたいと思っているのかもしれません。「悲しみ」をわかってあげること、それだけで解決できる問題が、実はたくさんあるのではないでしょうか。

第4章

「夫婦関係の悩み」がゼロになる6つの解決法

価値観が遠い人どうしが結婚する

価値観が一番遠い人と結婚するみたいですね。
魂を向上させるために結婚というものがあるからです。
結局ひとつの砥石(といし)を
手に入れるということです。

——結婚相手を選ぶときに大切なことと結婚の意味を教えてください。

魂の研究をしてきてわかったんですけど、結婚相手というのは価値観が一番遠い人と結婚するみたいですね。具体的にヴィジュアル的に言いますと、１０００ピースのジグソーパズルがあるとしますね。９９９はできあがっているんですよ。でも１ピースだけ人間の形をしてポコッと空いているところがある。どこを探しても全然ないんですね。そのときに、**その空いているジグソーパズルにピッタリの姿形の人がスーッと歩いてきて、目の前を通りかかったら、ピッタリとこのジグソーパズルに重なってしまうんですね。**それで「あーっ、これぞ私が待っていた人だ」って思うんです。この人がピッタリの人だと思うように、ちゃんとジグソーパズルが事前に頭の中につくられているんです。

でも、それはものすごく価値観の遠い人なんですね。

「私は夫を〈見た目〉で選んだわけではない」「僕は彼女を〈見た目〉で選んだわけではない」って皆さんおっしゃいますけど、実は〈見た目〉で選んでいます。全部〈見た目〉です。99％が〈見た目〉です。ハンサムだとか美人だとか、そういう意味じゃないですよ。それは細めであったり太めであったり、髪の毛がこういう色であったり、目の大きさがこのくらいであったり、耳の形がこうであってほしい、というようなことですよ。その自分の希望する条件にピッタリ重なるように、結婚することになっている人は、見目形（みめかたち）をつくって現れるという意味です。ピッタリそういうふうにつくってあります。〈見た目〉で決めるのは99％で「じゃあ、あとの１％は何？」。それは〈声〉です。〈見た目〉と〈声〉、それによって決めるんです。ジグソーパズルの絵に収まるかどうか……。**その待ちこがれていた〈見た目〉の形の人が現れて、その人と会ったとき、ハートがドキッとするようにプログラムされていて、ピッタリ収まるように結婚するんです。**

――どうして価値観の一番遠い人と結婚するんですか。

　魂を向上させるために結婚というものがあるからです。結婚というのは、結局ひとつの砥石を手に入れるということです。お互いの砥石ですけどね。どっちがどっちではなく、お互いが削り合うことが結婚です。子供がひとりできたら、その子供も砥石となってくれますから、２つの砥石を手に入れたことになります。子供が２人できたら、夫（妻）を含めて３つの砥石を手に入れたということです。それによって、自分のわがままや自己主張を少しずつ削り合うっていう方法論を身につけるということです。そのために、砥石として存在するのですね。

砥石には３つのジャンルがあって、〈家庭、夫婦〉というのがひとつ目。もうひとつは

〈仕事、職場〉。3つ目は〈それ以外の交友関係〉です。「じゃあ、人間関係全部じゃありませんか?」って。そうです、全部です。割合が個人個人によって違うだけで、全部同じように砥石として設定されている。だから、結婚しない人は〈家庭、夫婦〉という形の砥石は存在しないけれども、必ず〈仕事、職場〉でその分は削られているし、その部分で削られない人は〈ほかの交友関係〉で必ず削られる。ジャンルが違うだけで、人間関係は全部砥石なんですね。だから、結婚はゴールインではなくて、〝砥石〟のスタートです。それがわかってくると、夫婦関係は全然変わってくると思いますよ。**価値観が違うからこそ一番の砥石なんです。**

——じゃあ、そのときは理想の相手だと思って勘違いしてるんですか。

理想の相手だと思わせて、それを愛情と感じるのもプログラムなんですよ。すごく好きだって思わせるわけなんですから。

感情的に好きだから、お互い削り合っても一緒にいられるわけです。嫌いだったら、削り合ったらすぐ別れます。

——じゃあ、そういうプログラムであったのなら、添い遂げなくちゃいけないんですか。

いいえ、**別れたかったら別れてもかまわないんですよ。**だけど、30年間連れ添って結婚生活をやっていくエネルギーを仮に1000とするならば、3年間かけて離婚調停をやって戦って戦って別れるとすれば、その3年に使うエネルギーも同じく1000なんです。自分の砥石としてお互い磨き合うその量というのは、1000イコール1000で一緒なんです。期間が単に長いか短いかだけですから。結婚生活を続けてもいいし、離婚してもかまわない。どっちも膨大なエネルギーを要するという点では同じです。

意見は違う、価値観は違う、けれども感情的に好きである――それが夫婦であったり恋人であったりということです。だから削り合う価値があるし、削り合う状況になる。それがイヤだったらパッと逃げます。でも、それを逃げないで削り合う道を選んで、それでも一緒にいるのはなぜ？　それは好きだからです。感情的に好きだけど魂のレベルで言えば、一番価値観の遠い者どうしの人間が好きどうしになるってことです。だから、結婚は、一番素敵な砥石を手に入れたということなんですよ。

26

家族が冷たい

投げかけたものが返ってくる

不機嫌な嫁に対して
笑顔で優しい言葉をかけてくれるわけはないんです。
だって、それは投げかけたものが
返ってくるということですものね。

――私は、結婚して20年くらい経つんですが、主婦としてこれまで一所懸命、家のことをやってきました。これ以上できないくらい一所懸命やってきたのに、姑は私を全然評価してくれませんし、夫も協力的ではなくて、あまり口をきいてくれません。子供は子供で反抗的で、要するにすべての家族が私に対して好意的ではないんです。

こんなにやってても全然周りの人は変わらないし、正観さんのお話を聞いて、私はいつも一所懸命、心を込めて、温かい気持ちでやっているのに、家族は何ひとつ変わっていかないし、柔らかくなっていかないんです。私は、もっとやっていかなくちゃいけないんですか。もうこれ以上どうすればいいのでしょうか。

私は、あなたの家庭の現状を見ているわけではありませんから、これから、3つの質問をいたします。①食器を洗うときに、ガチャガチャ音を立てていないか、②ドアの開け閉めをするときに、ものすごい音を立ててバタンと閉めていないか、③スリッパで廊下を歩くときに、パタンパタンと大きな音を立てて歩いていないか。

気に入らなくて不機嫌なときに、この3つをやっていませんか？

――3つともやってました。

あなたは「私は、どこも悪くないのに周りの家族は変わっていかない」って、小林正観に言いに来たんですけど、この3つを指摘されたら、3つともやっていたことにあなたは今、気がついたんですよね。

――まったくそのとおりのことなんですけど、どうしてこの3つを尋ねたんですか。

いや、目に浮かぶんですよ。そういう態度を家族の前で見せつけている嫁に対して、姑が好意的になるわけはないし、夫が好意的になるわけはないし、子供が好意的になるわけはないんですよね。でも、あなたは一所懸命やっている。私に今、言われたとおり一所懸命やっていて気持ちを込めて食事をつくり、家事をしている。でも実は、やっていなかったんですよね。そこに、トゲトゲしい態度を振りまいて歩いてたわけです。そういう荒い波動を投げかけていた。だから、全然やってなかったことになるんです。「気持ちを込めてやってます」というのは、まったく勘違いで、どこにも気持ちがこもっていなかった。

少しでも気に入らないことがあると、ガチャガチャ音を立てて食器を洗い、ドアをバタンッと閉め、歩くときはスリッパでパタンパタンと音を立てて歩く。それは誰が聞いても、この嫁は不機嫌なんだって思います。そうしたら、その不機嫌な嫁に対して笑顔で優しい言葉をかけてくれるわけはないんです。だって、それは投げかけたものが返ってくるということですものね。

ストレスを解消するために
結婚生活があるのではなくて、
ストレスを感じなくなる「私」になる、
ということなんです。

――いつも妻に対しては優しくしたい、と思っているのに、会社ですごくストレスが溜まってたりすると、ついイライラして怒鳴ってしまいケンカになるんです。家の中でストレスを解消するのではなくて、何かいい方法があれば教えてください。

もし自分が、ある言葉を他人から言われたとき、怒らずに他人に対して踏みとどまれるのであれば、踏みとどまれる能力があるってことですよね。踏みとどまれる程度の怒りということですよね。それを相手が妻だと、怒鳴ってしまうっていうのは、甘えているだけの〝幼児性〟で、あなたが大人になってないってことかもしれません。

何のために結婚するかっていうと、その幼児性から決別して大人になるために、だと思います。**踏みとどまる訓練をするために結婚がある**とも言える。そこのところを勘違いしてる人が多いんですけど、結婚してわがままが言い合えるのではなくて、結婚してわがままが言い合える相手ができた状態で、いかに踏みとどまれるか、がテーマなんです。それが幼児性との決別であって「これでもか、これでもか」という具合にずーっと神は問いかけているというわけなんです。

他人に対して踏みとどまれるんだったら、妻に対して、夫に対して、子供に対しても踏みとどまれるはずなんです。それが妻だったら何を言ってもいいや、夫だったら何を言ってもいいや、っていうのは単なる幼児性、甘えなのではありませんか。幼児性を振り回している間は、やっぱり自己嫌悪するでしょう。

夫婦、家族というのは「他人に対して踏みとどまれるのなら、家族に対しても踏みとどまれる訓練をする」ってことです。それが本当に大人になるということで、ストレスを解消するために家族があるのではありません。妻に対して、怒鳴ったり怒ったりするのがストレスの解消ではないのです。そんなことのために結婚があるんじゃないでしょう。それは、とんでもない勘違いです。結婚の本質はそうじゃありませんから。

◎ケンカが起きる原理原則

ストレスを解消するために結婚生活があるのではなくて、それを根源的に解決する方法は、ストレスを感じなくなる「私」になる、ということなんです。私は「ケンカをしない夫婦になりなさい」と言ってるのではなくて、両方が大人になったとき、ケンカは存在しないんです。

他人に対して踏みとどまれるんだったら、夫婦どうしでも踏みとどまれるはずですね。その踏みとどまれる「私」をつくることが、結婚生活の本来の目的なんです。もっと広い言い方をすると、魂を磨くために実は結婚が存在し、妻が存在し、子供が存在する。全部が魂磨きのために存在するんです。

本当はね、人格を練っていって、踏みとどまれるようになったら、夫婦ゲンカなんて絶対起きないですよね。ケンカって自然発生で湧いてくるんじゃないから、必ず売り言葉があって、買い言葉があるんですから。売る方がいない、買う方がいないんだったら、絶対に起きません。この原理原則を相手に対しても伝えておくと、ケンカは私にとっても相手にとっても不愉快だから、売らないし買わないようにしようって思いますよね。そうすると、もう売買が成り立ちませんから、その2人の人間関係ってずーっといい方向へ行くと思います。

28

夫が心配

文句を言うより、応援してあげる

「大変だ、心配だ」と言うよりも、
「私はあなたを支えてますよ。
いつも応援していますよ」という態度で
接していかれたらどうですか。

――夫がたくさん役職とかを引き受けてきて、とても大変そうなんです。私は、そこまでする必要がないと思いますし、そんなにさせられて過労で倒れたり、病気になったりするんじゃないかと、とても心配なんですが。

「大変だ、心配だ」と言うよりも、「私はあなたを支えてますよ。いつも応援していますよ」という態度でご主人に接していかれたらどうですか。

夫が仕事で疲れて帰ってきたら、その疲れた顔を見るたびに「どうしてそんなに引き受けるのよ、どうしてそんなに忙しい日々を送るのよ」って言ってれば、夫のしていることを全部否定し続けることになるんですよね。もし、夫のことが本当に心配なんだったら、文句を言い続けるのではなくて、帰ってきたら、夫の喜ぶような料理なりスタミナのつくような飲み物なりを用意してあげるとか、もっと力や元気が出るように笑顔で接してあげるとか、励ましの言葉をかけてあげるとか……。そういう方向でやってあげたらいいと思いますよ。

過労で病気になるかもしれない、って心配されてますが、病気になることがプログラムとして予定されてるんだったら病気になるし、ならない予定だったら絶対病気になりません。でも「どうしてあなたは、そんなに毎晩遅いのよ」とか「どうしてそんなに役職を引き受けるのよ」って言って、そうやって、愚痴や文句を言い続けていることで、実は夫の体は弱っていくんです。その言葉のダメージで、体の細胞はどんどん弱っていくんですよ。

夫にそうやって接するよりも、笑顔で「ご苦労さま」って言って「多くの人のために一銭にもならないことをしてくださって、あなたは偉いですよ。妻として、あなたに対して何もできないけど、せめてパワーのつくようなお料理をつくったのよ」とか「用意しときましたから、これでも食べて頑張ってくださいね」って。「私は、あなたにはなれないけれども、少なくとも家族として妻として身近なところにいる人間として、あなたがやっていることを応援してあげられるという妻の座を誇らしく思ってます」。そういうポジションで夫に接したらいいと思いますね。

だって、他人はあなたのご主人を気遣って、栄養ドリンクなんかをつくることはできないけど、あなたは妻だから、夫が疲れ果てて帰ってきたときに、この人を元気にしてあげることが日常的にいくらでもできるんですよね。じゃあ、してあげればいい。本当に心配なんだったら、そうしてあげればいいんです。**心配なんだったら、文句を言うんじゃなくて、やってあげればいいんだということです。**それが本当に応援してるってことであり、本当の優しさなのではありませんか。

「あなたの体を心配してるんだ」って言いながら、文句を言い続けてるのは、全然優しくない。まったく味方をしてないんですよね。文句や愚痴を言い続けてるのは、一番身近な敵なんですよね。その言葉を届ければ届けるほど、その人の細胞はどんどん委縮して、げんなりしていくんです。それは妻に対しての夫の発言もそうですし、子供に対しての親の発言でも同じことが言えます。

大変そうに見えたら、笑顔で「ご苦労さま」って言って「自分にできることは、これこれだから手伝ってあげるね」ってバックアップしてあげる。そういうやり取りが見えたら、人間ってとても元気になるんですね。

それは、自分に対する言葉でも、同じようにそうやって誉めてあげるといいですよ。「どうして私がこんなことしなくちゃいけないの、どうしてこんなに手間暇かけてつくらなくちゃいけないの」って自分を責めるんじゃなくて「私っていい人だよね。いい妻だよね」って、自分で自分を誉めてあげるのもすごく重要ですね。だって、それは一番近い味方なんですから。

29

夫に不満

夫婦の問題は、あなたの問題

どっちに対しても文句を言うというのは、ただ文句を言っていたいだけなんです。「もうどこへでも行っていい」って思うような夫婦関係をつくり上げてしまうっていうのが、一番いい解決方法だと思います。

――夫が転勤族で、3年、5年すると転勤になるんです。それでまた、今住んでいるところから2時間半くらいのところに転勤になりそうなんですね。やっと慣れたというときに子供のことも考えると、どうしても転勤先にはついていきたくないんです。でも、一緒に行きたくないといって離婚をするわけにもいかず悩んでいます。どうすればいいでしょうか。

2つのうちのどちらかです。「ついていくのはイヤです」と言って笑顔で離婚するか、それとも黙ってついていくか、このどちらかです。どちらかひとつの簡単な選択なんですから、そのどちらも選んでなくて、3番手の話を主張してるっていうのは結局、愚痴を言ってるだけで、全然解決を求めてるんじゃないですよね。

離婚をしてでも今いるところにとどまりたいか、それとも離婚をするほどでないのだったら黙ってついていくか、どちらかの選択であって、あなたは3番目の選択をしようとしてるんですね。3番目の選択というのは「ついていきたくない」って愚痴を言ってるだけなんです。

――じゃあ、やっと慣れたところを離れて、また違った環境のところに行くというのは、子供にとって良くないことではないのですか。

はい。子供にとっては、あちこち行く方が多くの人間と出会えるし、多くの友人たちを持つことができるから、柔軟性のある大きな人間になれますよ。それに、あなたは子供のことを言ってるようですが、本当は子供の問題ではなくて、要するに本人の希望なんですよね。子供のために最初は行きたくないって言い出したんだけれども、実は子供のためではなくて、あなたが行きたくなかった。本当はあなただけの問題です。

それに距離がそもそも2時間半くらいのところであれば、転勤先に行っても、友人たちとは帰ってきたら、たびたび会えますし、交流がなくなるということはないでしょう。あなたは「別れればいいじゃないですか」と言えば「いいえ、別れたくない」と言うと思いますし、「じゃあ、一緒にいればいいじゃないですか」と言えば「いや、一緒にいると転勤についていかなくちゃいけない」って言うでしょ。じゃあ、あなたは一体どうしたいんですかって私は思います。

◎文句を言う背景には……

本当に解決をしたいんだったら、選択はすごく簡単なんです。Aを選ぶかBを選ぶかだけなんですよね。でもどっちもイヤだというのは、どっちに対しても文句を言うというのは、ただ文句を言っていたいだけなんです。

それはきっと、物理的な距離感ではなくて、ご主人との心理的な距離感ではありませんか。文句を言う心理というのは、個々のことについて言ってるんじゃないんですね。その人との人間関係が根底にあるわけなんですね。本当にあなたがご主人を愛しているのなら、ご主人から何かを言われたときになんでもイエスですよね。そのときに説得はいりませんよね。理由がどうであれ、言われたことに対してハイって言っていきますよね。でも、もし好意を持っていないのだったら、言われたことに対して理由はどうであれ、正論であったとしてもノーなんですよね。夫婦関係も親子関係もそこがわかってくると、すごく楽になります。一つひとつの個々の問題じゃないんだということです。

要するに、その人の提案に関しては、無防備でノーガードで、「もうどこへでも行っていい」って思うような夫婦関係が築けてる場合は、なんでもいいということなんです。そこにはもう文句も説得も必要なくて、とても円滑に動いていく。そういう夫婦関係をつくり上げてしまうっていうのが、一番いい解決方法だと思います。

30

気前のいい夫

自分本位より相手本位で生きる

上から見てみると、決して損はしてないんですよ。
それは結局〈宇宙預金〉をしてるってことなんです。
人望、人徳、パワーというものですね。

――私の家は農家なんですが、うちの主人は気前がよすぎるくらいいい人で、収穫があると必ず近所や知り合いをはじめ、あらゆる人たちに差し上げるんですね。私からすると、朝から晩まで働くのがボランティアかと思うほどで、ときに歯がゆい感じがします。また、そう思ってしまう自分の心の狭さも感じて、なんだか心地良くありません。このような気持ちを切り替えるには、どうすればいいでしょうか。

人口3000人ぐらいの村で、お葬式に1500人くらいの人が集まったっていうおばあさんがいるんですね。その村の人口の半分が集まった。その人は、町長をしてたとか、何か役職をしてたとか、名士だったとかいうんじゃなくて、なんにもしてない人だった。特に目立ったことはなんにもしてない人だったんです。

なんでそんなに人が集まったのか、ある人がそのおばあさんの人生を考えたときに、これではないか、このせいでこんなに集まったのではないか、と言った人がいます。それは、そのおばあさんは小学校の先生をずっと定年までやってたんですね。で、小学校の先生をやってるときも、それから退職して隠居してからも、首尾一貫してやり続けたことがあります。

それは、**教え子のお店でしか物を買わなかったんですね。**どんなに近くにディスカウントストアができても、スーパーマーケットができても、そこで買うことはなくて、2割ぐらい値段の高い個人商店で必ず買っていた。それを死ぬまで続けたそうです。なんにもしない人だったのに、でもいつも教え子を応援していた人だった、ってことです。

2割安い物を買うっていうのは自分本位ですよね。自分が使うお金が少なくて済みます。でも、**一つひとつ個人商店を回って、高い物を買ってるっていうのは、自分本位なのではなくて相手本位なんですよね。**自分の店の商品を買ってくれて、相手はとても喜びます。そのおばあさんは、そのことを徹底していた。だからなんにもしない、何か特別なことをしたわけではないけど、すごい人だったんです。

日常生活で当然物を買うわけですよね。八百屋さんとかお肉屋さんとか果物屋さん、それを全部、教え子たちの個人商店で買っていた。なかなかできないことですよね。言われてみると簡単なんですけど、なかなか気がつかないですよね。どうしても普通は2割安いところに行ってしまいますものね。

◎宇宙から見て、豊かな人

だから、自分の身の回りの交友関係でそういう商売をしている人がいたら、もしかすると他所（よそ）より高いかもしれないけど、そこで買い続けていくと、あとはなんにもしなくてもいいかもしれません。お世辞を言ったり、変に気を使わなくてもいい。ただ、そういうふうな生活をし続けていくだけで、その人は本当に周りから信頼されて、尊敬されて、好まれますよね。だってお店の人は、すごく嬉しいと思いますよ。「ディスカウントストアより2、3割高いのに、いつもあの人は、うちに買いに来てくれる」って。でも上から見てみると、決して損はしてないんですよ。それは結局〈宇宙預金〉をしてるってことなんです。人望、人徳、パワーというものですね。ですから、あなたのご主人の場合も、妻の立場から見ると損をしてるように見えるかもしれないけど、宇宙から見ると本当に豊かな人で素晴らしい人徳者だということですよね。

第5章

「親子関係の悩み」がゼロになる6つの解決法

31

父性より母性を重視して育てる

母親が、本来子供に教えるべきことというのは、
〈能率、生産性、合理性〉ではなく、
〈優しさ、温かさ、思いやり〉であった。
ついに母性の時代に戻るときがきたようです。

──子供の教育に関してですが、母親として何に気をつけて子供に接していけばよろしいでしょうか。

釈迦の言葉で、人物をつくる3カ条というのがあるんですね。ひとつは〈貧乏〉、2つ目は〈読書〉、3つ目は〈母親の感化〉──母親の影響ってことですね。なぜ〈母親の感化〉なのか、なぜ父親は出てこないのか、なぜ両親の感化ではないのかってことをずっと考えてました。で、ある日、その答えがわかりました。答えを言いますと、母親が、本来子供に教えるべきことというのは、もともとは〈優しさ、温かさ、思いやり〉であった。それは協調性であったり、人に力を貸すことであったり、分かち合うことであったり、折り合うことであったり……というような価値観を教えるのが母親の役割であったんですね。それを母性と言います。で、父親の役割は何かというと〈能率、生産性、合理性〉──自分を主張すること、自分を他人よりも抜きん出る存在にすること……。そういうことが父性であったのではないか、と思うんですね。

釈迦は、信頼される人、尊敬される人、安心される人というのを〈人物〉と言ってるんですけど、そのためには、生産性だとか能率だとか合理性というものは全然いらない、というのが釈迦の考え方だったと思います。〈人物〉をつくるためにどうしても必要なものは、優しさと温かさ、思いやり、協調性、そういうことなんじゃないか。世のため、人のため、社会のために真に貢献するもの――それが母性なんですね。その母性だけでいい、というのが釈迦の気持ちだったんじゃないかというのが私の考えです。

そうしたときに、どうしてこんなに荒れた子供ができてしまうんだろうか？　って、今の日本の教育について考えてみると、母親が父性を教え込んでいるからだという結論になったんです。母親が〈能率、生産性、合理性〉を一所懸命教え込んでいる。戦うこと、自己主張すること、自分が人より抜きん出るということを、どうも母親が教え込んでるんじゃないか。それを見かねた父親が一所懸命になって、母性を教え込んでるんじゃないか。本来の役割とは逆に、たすきがけで教わったときに子供の精神のバランスって崩れるんじゃないだろうか、って思うわけですね。それによって子供は荒れてるんじゃないだろうか。だから、母性というものをもう一回見直す時代に来てるのではないですか。

父性という〈能率、生産性、合理性〉というのは、実は西洋文明であって自分を主張する文化だった。それに対して、東洋思想というのは、優しさ、温かさ、思いやりなんですね。ここのところが21世紀から始まるんじゃないだろうか。2000年の西洋文明の〈比べる、戦う、競う〉という文化が、今ここに切り替わる、スイッチする時代に来てると思いますね。2500年ぶりに、ついに母性の時代に戻るときがきたようです。

32

子供が反抗的

「親が育てていただいている」と考える

親が子供に対して、どんなときでも腹を立てない、怒らない、威張らない、怒鳴らない、声を荒らげないということを実践し、24時間、365日できるようになったらその人格者に対応するような子供になります。

――子供がすごく反抗的で、親が何を言っても聞かなくて、いつも言い争いになるんですね。このような子供に対して親は、どのように接すればいいのでしょうか。

魂のレベルを勉強していくとわかるんですが、**親が子供を育てているのではなくて、この子供から親が育てていただいているんですね。**この子供が何をしても、どんな状態でも、親が絶対に腹を立てない、怒らない、声を荒らげない、イライラしないという人格を身につけるために子供がいるんですよ。その訓練のために、この子供は来てくださったんです。で、親が子供に対して、どんなときでも腹を立てない、怒らない、威張らない、怒鳴らない、声を荒らげないということを実践し、24時間、365日できるようになったら――こういう人を人格者と呼ぶんですけど――その人格者に対応するような子供になります。でも、この親が荒れ狂って、人格者じゃない人格を持っている間は、この子供はその人格に対応する子供でしかないんです。

皆さんは、自分がまだ人格者じゃないのに「子供に対して威張って、怒って、怒鳴ってもいい」と思い込んでいるんですよ。「親は偉いものである。子供は親の言うことを聞くものである。私が口うるさく言わなければこの子は育たないんだ」とまだ思っているんです。でも違うんですね。

魂の勉強をしてくると、親はいなくてもこの子の20歳の人格はもうあるんです。30歳の人格が決まっている、40歳の人格が決まっているんです。親がいてもいなくても関係はないんです。必ずこの子はこうなるんです。結論を言うと、この子供は親に関係なく、環境にも関係なく、ある人格になるべく設計をして生まれてきて、そのとおりになってしまうんですね。「子供は親によって教育されるのじゃないか。この親の教育によって育つんじゃないのか？」って皆さん言いますが、答えを言ってしまうと、そうではありません。

親によって教育を受けて、この子供の人格ができていくのではないんです。皆さんに大変衝撃的なことを言ってしまいますけど、この子供は親がいてもいなくても、両親であっても片親であっても、金持ちであっても貧乏であっても関係なく、ある人格に行きます。

――じゃあ、親は子供に何かを言っても意味がないんですか。

そういうことではありません。言ってもいいんです。思ったことは200でも300でも1000でも2000でも言ってもいい。言ってもいいけれど、思いどおりにならないからといって、怒ったり、怒鳴ったり、苛立つのはやめなさい、ってことなんです。でも、何か言ったことによってスイッチがカチャッと入ることは、たくさんあるんですね。その スイッチを入れる役目として親や兄弟やおじいちゃん、おばあちゃんが存在している。先生も存在しているんです。だから、言ってあげるのはいいんですよ。どんなことでも、気がついたことは全部１００％言いましょう。でも、その言ったとおりにこの子がしないからといって、腹を立てて怒鳴っている親がいるというのは、実はこの子供から、腹を立てないこと、怒鳴らないこと、イライラしないこと、声を荒らげないこと……を問いかけられているんです。そのために、この子供が言うことを聞かないようになっているんです。

◎環境に関係なく子は育つ

それに、子供はどのような環境であっても影響は受けないんです。お金持ちの家だったらおおらかに育つんじゃないか、貧乏だったらひねくれるんじゃないか、って思いがちですが、必ずしもそうではありませんよ。経済的な条件とか、片親であるか両親揃っているかということに子供は影響を受けてるわけではないんです。そういう環境を自分で設定して、選んできているので、影響を受けてないということではないんですけど、それによってまったく違うプログラムを植えつけられているのではなくて、生まれる前のプログラムどおりにその親を選び、その環境を選んできているんです。

で、そこに存在している親は、思ったことをなんでも言ってもいいけれど、思いどおりにならない子供に対して苛立つのは無意味です。無意味というよりも、苛立っていると自分のプログラムが果たせない。だって、この子供は親を成長させるために、この世に生まれてきてくださったんですから。この子供は、親がいてもいなくても、ある人格に育つようにシナリオを書いてきています。

——でも、そのプログラムは変化しないんですか。

変化したように見えても、書いたとおりです。例えば、昨日までは、子供に対して怒鳴ってきたけれども、今日からこの話を聞いて怒らないようにしようって決意をしたら、それはプログラムが変わったんじゃないかって思うわけですね。でも、それはプログラムが変わったんじゃなくて、今日この話を聞くこと自体がプログラムに書き込まれていた、ということです。たまたま、この日に話を聞く運命になっていて、もともとのシナリオどおりに、その人は聞くようになるんです。そして、それを実践して、人格者の親のもとで育っていくというプログラムがあなたのお子さんの書いたシナリオかもしれません、ということなんですね。

33

結婚しない娘

結婚のことは、心配しなくていい

「早く結婚しなさい」と言ってるよりも、
結婚していなくなっちゃうかもしれない
自分の娘に対して、
一刻でも一時(いっとき)でも一秒でも慈しんで、
楽しい会話を交わすことをお勧めします。

――娘がなかなか結婚しなくて困っています。母親としては先のことが心配で、口うるさく言ってるんですが、どうすればいいでしょうか。

結婚するとシナリオに書いてきている人は、必ずします。**うるさく言ってても言わなくても、結婚する人はするし、結婚しない人はしないんです。**だから、結婚相手を探す必要はないんです。そうシナリオに書いていたら、結婚する相手は向こうから勝手に必ず現れるし、ベストの時期に勝手に出会います。

今、子供が結婚の適齢期にあった場合、娘に対してうるさく「早く結婚しなさい」とか「早くいい人見つけなさい」とか言ってるでしょうけれども、そこで言い争いをしたり、「早く結婚しなさい」って言ってること自体がエネルギーの浪費ですから、そんなこと言ってるよりも、結婚していなくなっちゃうかもしれない自分の娘に対して、一刻でも一時でも一秒でも慈しんで、楽しい会話を交わすことをお勧めします。

もう行くときは行っちゃいますから「早く出ていきなさい」とか「早くいい人見つけなさい」とか言うことに意味はありません。結婚するときは、必ずします。

だからもう結婚のことなんか、一切心配しなくていいから、ただ、その必ず出会うであろう、もしかすると出会うかもしれない、そのときまで、**ただひたすら自分の子供と楽し**

い日々を、そして楽しい時間を過ごすようにしてください。

皆さんの悩み、苦しみの9割っていうのは、
〝血〟の問題なんです。
自分の中で家族というものを特別視さえしなければ、
悩み、苦しみの9割はないであろうにと
思いましたね。

――私の実家は、代々続く造り酒屋なんですが、私は長男なので、親からは「跡を継いでくれないと困る」とずっと言われ続けてきました。私は、家業以外にやりたいことがあるのですが、家族のことを思うと、それを貫くことがどうしてもできません。どうすればいいでしょうか。

この人のお話を聞きたいとか、その人の顔を見たいとか、その人とずーっと長い時間一緒にいたいとかいう人は必ずご縁がある人です。それは前世で兄弟であったとか、親子であったとか、恋人どうしであったとか、そういうような関係がどうもあるみたいなんですね。家族だけが最も重要なのではなくて、今生では他人であっても、自分の立ってる位置から見るとすべて同心円、コンパスで引いた同じ距離にいるんですね。**親、子供、兄弟、親戚それから友人、知人、初対面の人まで、魂の距離でいうと実は全部等距離、全部一緒なんです。**

で、皆さんの悩み、苦しみの9割っていうのは、〝血〟の問題なんです。家族のしがらみ、家族、ファミリーというものをどうとらえるかという問題ですごく悩んでる人が多いと思います。家業を継ぐとか、名前を継ぐとか、一人娘であるから養子をとらなくちゃその名字が続かないとか……。私は、今まで1万5000人くらいの人生相談を受けてきましたが、自分の中で家族というものを特別視さえしなければ、悩み、苦しみの9割はないであろうにと思いましたね。

フランスに、ジョルジュ・シムノンという作家がいるんですね。この人は有名なサスペンス作家なんですけど、メグレ警視のシリーズというのを書いていて、そのメグレ警視のシリーズの冒頭にはこう書いてあります。「この世に愛というものがなければ、犯罪のほとんどは起きなかったろうに」。このジョルジュ・シムノンの最初の一言は、人間に対する限りない優しさと洞察力を感じさせますね。普通のミステリーとは深さが違う。人間の描き方がものすごく深くて、人間の心優しさみたいなものがいつも犯罪に絡んでくるんですね。そのジョルジュ・シムノンの「この世に愛というものがなければ、犯罪のほとんどは起きなかったろうに」という言葉ですが、実は家族というものをこういうふうに考えると、皆さん、家族のしがらみから離れることができます。

◎家族と他人を等距離に

ここに階段があります。私の場合は、同じ高さに家族と他人がいます。家族が他人よりも10大事だって言うと、この高さが10上がったんですけど、他人の位置からすると他人は

10大事じゃなくなったんですよね。家族は１００大事だって言った場合には、他人の位置からすると、他人は１００大事じゃなくなったんですよね。家族は２００大事であるって言ったときには、実は他人の位置からすると他人は２００も大事じゃなくなったんですよね。そうやって、人間関係を「家族だけは絶対大事だ」と思ってとらえていると、このギャップに大変苦しむことになります。

　宇宙的なレベルでものを考えていくと、実は親子とか、家族とか、他人とかいう区別はなくて、すべての魂は全部同心円、等距離にあることに気がつきます。親子という名の他人、夫婦という名の他人、他人という名の家族、家族という名の今生での縁なんです。それが自分の中ではっきりと確認がとれると、**親や兄弟や家族だけ、恋人だけ、自分の妻や夫や子供だけではなくて、すべての目の前にいる人が大事であることに気がつきます。**

　この話をすると「じゃあ、家族を蔑ろ(ないがしろ)にしろということですか」と言う人がいるんですけど、そういうことではありません。家族に対する大事さと同じように、常に自分の周りに現れる人は全部等距離ですから大事にするんです。その中のひとりが妻であったり、夫であったり、子供であったり……。だけど、血のつながっていない人も全部大事な存在であって、しかも今日初対面の人までも全部同じ距離にいるんだと思ってみたらどうですか、ということです。

要するに、家族を大事にするのと同じ距離感で他人にも対するというのがわかってくると、家族のしがらみに縛られることがだんだん少なくなってきます。「私」の目の前にいる人すべてが大事な人であると思うこと、それが宇宙の真実だと思います。

35

子供と対立

前半生と後半生では、生き方を違える

人生の後半生とは〝捨てる〟ことの作業なんですね。持っているものを手放せば手放すほど、実は〝幸せ感〟が大きくなる。

――私は、5年前に会社を全部息子に譲って、今は隠居の身なんですが、自分が経営していたときに比べると売り上げが半分に落ちてしまっているんです。退いてる身ではありますが、一代で築いただけに、会社にも愛着があり、ついつい経営方針などに口を出してしまい、息子と衝突してしまいます。何かアドバイスをお願いします。

人生の後半生とは〝捨てる〟ことの作業なんですね。私たちの人生は、前半生は求めて求めてそれを手に入れていく作業なんですね。でも後半生は、求め続けるのではなくて、いかに捨てていくか、なんです。それをカチッとあるところで切り替えないといけない。平均寿命が80歳として、とりあえず40歳が折り返し地点になります。そこを過ぎた人は、これからは求めるのではなくて、いかに捨てていくかの作業が始まるんです。

子供に対する期待だとか会社の業績を心配することとかですね。それから若さに対する執着も捨てるんです。美貌に対する執着も捨てるんです。今まで、かわいい、美しいと評価されてきた、その執着を捨てるんです。それを「欲しい、まだ欲しい。絶対に失わないぞ」って頑張るとストレスになります。

人間が老いていくというのは、ずっと捨てていく作業なんですね。最終的には妻も失う、夫も失う。もちろん父親を失い、母親を失うということもある。でも、捨てていく作業の中で、一番大きなものというのは、「私」がしっかり抱え込んでいる価値観、「私」がこだわっているもの、地位とか名誉とか他人からの評価とか、頑張るとか、努力するとか……そういう価値観、固定観念なんです。そういうものを捨てていったときに、人間はものすごく楽になることができます。

もう一度言いますが、人生の後半生とは捨てていく作業なんです。

手に持っているもの・手に抱え込んでいるもの＋〝幸せ感〟＝１００

なんですね。〝幸せ感〟というのは「私が幸せだと思う」ということですよ。だから、他人がどう見るかではなくて、私が幸せだと思ってる〝幸せ感〟と、持って抱えているものが合わせて１００になるように人生はつくられています。

ですから、持っているものを手放せば手放すほど、実は〝幸せ感〟が大きくなる。でも、私たちは、ずーっと逆のことを教わり続けてきました。「手に入れれば手に入れるほど幸せになる。たくさんのものを抱え込めば幸せになる」と。

「お金をたくさん得なさい。地位や名誉をたくさん手に入れなさい」。そういうふうに教え込まれて、それが幸せになるためだと思って脇目も振らず、ずーっとやってきたんです。で、その結果、手に入ったものは一体なんだったのか？　空(むな)しさです。たくさんのものを持ってる人は〝幸せ感〟がほとんどありません。あるのは空腹感だけですね。「まだ足りてない」という不足感だけですね。空しさと不足感だけがいつも自分を支配していて、決して幸せじゃない。ところが捨て始めると、これは自分が体験してみるとわかるんですが、いろんなことをどんどん捨てていくと、ものすごく幸せになることに気がつきます。

◎ジコトザン・ノボリビッチの人生

もう息子さんに会社を任せたのなら、それには干渉しないで、すっかり手放したらどうですか。任せた以上、それはもう息子さんのものなんですから。これからは比べるのではなくて、自分が楽しいと思えることを好んでやっていってください。そうすると「こんなに人生って幸せだったのか」って思うようになります。

私は、カタカナの名前で2人の外国人をよく例に挙げるんですけどね。ジョージ・クラベルさんていう人とジコトザン・ノボリビッチさんという2人です。ジョージ・クラベルって人がいるんですよ、世の中に。知らないですか、有名な人なんですけど。漢字で書くとよくわかります。〝常時・比べる〟って書きます。この人とはなるべく疎遠になった方がいいと思います。

それから、ジコトザン・ノボリビッチっていうのは、自己登山——自分の山を登り道で上がっていく——という人のことです。〝自己登山・登り道〟ですね。自分自身がこれをやりたいから、ということで自分の中に自己設定をして、自分の好みでずっと生きていって、自分を向上させている人がジコトザン・ノボリビッチさんなんです。末長くお付き合いするのなら、ジョージ・クラベルさんよりもジコトザン・ノボリビッチさんの方が絶対いいですよね。

36

障害児のために

子供の病状に一喜一憂しない

「良くなってもいいし、悪くなってもいい。
ただ、あなたが私の目の前にいてくれればそれでいい。
私は、あなたをそのまま受け入れる」
っていう気持ちになったら、
病状によって一喜一憂することがないわけです。

――私の子供は、障害を持っているんですが、去年、気功や民間療法などで治療してもらったら、とても良い方向に向かったので喜んでいたんです。ところが、今年になって急に悪くなって、元に戻ったというよりも前より悪くなった感じなので、とてもつらく悲しい思いをしています。この子のために、これからどうすればいいでしょうか。

この子供が、健常児に近づいたら嬉しくなって、健常児から遠ざかったらまた落ち込むっていうのは、あなたがこの子を丸ごと全部受け入れてないってことですよね。だって「この子は、こうあってほしくない」って言ってるんですよね。そう言ってる間はあなたの苦悩はずーっと続くと思います。

ここは本質論で、ものすごく重要なポイントなんです。つまり、自分の思いどおりにならない子供を神から授けられた。そのときに、思いどおりになるような子供に近づけば喜ぶ、でも遠ざかるとがっかりする、っていうのは普通のことをやってるようだけど、それは全然違うんですよ。本質ではない。**本質論は、この子がどうなろうと、その状態を100％全部受け入れるということです。**

〝良くなる〟という概念はないんだけれども「良くなってもいいし、悪くなってもいい。ただ、あなたが私の目の前にいてくれればそれでいい。私は、あなたをそのまま受け入れる」っていう気持ちになったら、この子供の病状によって一喜一憂することがないわけです。一喜一憂しなくなったら、自分自身が幸せになります。だって、不幸という現象がないんですから。それがわからない限りは、苦悩は続くでしょう。

目の前に起きてくる現象は、どんなことも全部受け入れて、どんなことがあっても〈不平不満、愚痴、泣き言、悪口、文句〉を言わないことがスタートなんですよ。目の前からイヤなことがなくなったから、言わなくなるのではなくて、自分がイヤだと思っていることを全部含めた上で、言わなくなることをスタートとしていかないと、現象を受け入れられないんです。

苦悩の淵(ふち)に沈んでいる人は、会う人、会う人にいつも「大変ですね。かわいそうですね」って言われ続けてきたから「自分はつらくて大変だ」ってずっと思ってるんですね。でも、私はあなたにこういうことを言える資格があると思います。私も障害児の父親ですから。私は、うちの慶子(けいこ)ちゃんをどうしたいっていう思いはないですから。こっちへ行ったら嬉しくて、こっちへ行ったら悲しくて、というのがないです。この子はこの子でいいんだもの。

でも、あなたはいい方向に行ったら、健常児に少しでも近づいたら喜ぶ。でも少しでも遠ざかったら落ち込むっていう、その繰り返しをやってるんですよ。それをやってる限り、永久に真の幸せは来ないです。

◎起きてくる現象すべてを受け入れる

目の前の現象に関して「こういうことは楽しいと思うけど、こういうことはイヤなことだと思う」って考えてる限りは幸せは来ないです。どういう現象が起きても、それを全部受け入れられることが本当の幸せなんです。そこがわかるとすごく楽になります。こうなったら喜んで、こうなったら悲しむというのは、この子を認めてないし、受け入れてないってことですよね。この子はこの子なんだから、全部受け入れること、それだけです。それは対人関係でも言えますし、「私」と神との関係でも同じなんですよ。

現象について、これが良くてこれが悪くてではなくて、起きてくること全部を受け入れた瞬間に「あなたはわかったんですね」って言って神さまはニッコリ微笑む。で、あなたはすでに神の国の住人であったことに気がつきます。人生は、それをわからせることが目的で存在してるのではないでしょうか。

第6章

神さまを味方につける8つの解決法

37

神と人間の関係

親子のように見返りを求めない関係

人間の親子関係は、神と人との関係の見本。
神は人に対してシャワーの如く、
好意や善意の雨を降らせています。
見返りや報酬が返って来なくてもかまわない。
しかも、それが当たり前なんですね。

――神がもしいるとするならば、神と人との関係、それから、神は私たちをどのような思いでいつも見てくれているのか教えてください。

私たち人間の親子というのは、親が子供に対して何かをしてあげるときに、見返りや報酬がなくてもしてあげますよね。それが親子というものですよね。親は、見返りや報酬を一切期待しないで、自分の子供であったら、いくらでもしてあげます。でも、この子供が「なんでもしてもらうことが当たり前で当然なんだ」とずーっと思い続けて、そうした態度を見せ続けていると、親は空しさや悲しさ、疲れを感じるようになります。

ところが、もしこの子供が「ありがとう」っていう言葉を一言でも言ってくれると、それまでの疲れが全部吹っ飛ぶだけではなくて、空しさが全部吹っ飛ぶだけではなくて「もっとしてあげよう」って意欲が湧きますよね。仮にこの子供が「ありがとう」を言うに当たって、心がまったくこもってなくて、とりあえず口先だけで「ありがとう」って言うだけでも、親はいい顔をして元気になります。「もっとやってくれるんだよな」って、たとえ下心、邪心、損得勘定で子供が言ったとしても、親はそれを全部わかっていたとしても、口先だけで言われた「ありがとう」に対してさえも、「もっとやってあげよう」って気力が湧いてきますよね。そういうふうな親子関係が人間の中にはつくられています。

なぜでしょう。人間の親子関係そのものが、神と人との関係なのではないでしょうか。人間の親子関係は、神と人との関係の見本として、私たちの人間生活の中に組み込んで、神が示していたのではないでしょうか。神は人に対してシャワーの如く、好意や善意の雨を降らせています。見返りや報酬が返って来なくてもかまわない。いくらやってあげてもいい。しかも、それが当たり前なんですね。

でも、全部自分の努力でやっている、自分の才能、自分の力によって人生が成り立っているんだ、と思っている人を神さまが上から見ているときには、神さまも疲れや空しさ、悲しさを感じるかもしれません。実は、そのことを親子関係を通して見せてくれていたのではないだろうか。こういうことを事実として伝えるために、親子関係の中にそういうプログラムを組み込んでいたのではないか、と思うんですね。

◎心を込めなくてもいいから「ありがとう」を言う

じゃあ、私たちは神さまに対してどうすればいいのか。心を込めなくてもいいから「ありがとう」を言っていればどうなりますか。「ありがとう」を言っていれば、神さまはそれで疲れをものともせず、空しさも感じなくて、さらにやってあげようという気になるのではないですか。**私たちは、神さまに対して「ありがとう」って言ってるだけで、ずーっと神はやり続けてくれるということなんです。**

父と子の関係が神と人との関係らしい。その見本として親子関係をつくった。キリストは聖書の中でこういうふうに言ってますね。「父と子と聖霊の御名のもとに」。この世には父と子と聖霊の3者がいるらしい。父と子の関係は、人間の親子関係とまったく同じようにできているらしい。つまり、いくらしてあげてもかまわない。でも当たり前だと思われていたら、つらく、悲しく、疲れる。でもそれが、たとえ心がこもっていなくても「ありがとう」って言ってくれたら、もっとしてあげようと思うという関係が、実は父と子の関係なんだ、神と人との関係なんだ、ということなんです。

〈ハイ〉っていう日本語がありますが、そのもとは〝拝む〟という字です。ハイ（拝）って手を合わせることを言うんですね。それと同じように〈イエス〉っていうのは、〝イエス・キリストに誓って〟という意味を含みます。ですから、肯定する言葉というのは、神とともに存在しています。もし、皆さんの中に、辛抱して、人の2倍、3倍の努力をして、その結果として周りの人に対してトゲトゲしかったり、攻撃的だったり、苛立ったり……そういう投げかけをしてる人がいるんだったら、即刻やめた方がいいです。努力そのものをやめた方がいいみたいです。それよりも、周りの人に対して、ただひたすら感謝をすることの方が、神にとって望ましいみたいだ、という結論になったんです。

◎人とアリとの関係に喩えると

山道を私が歩いていくとします。そのとき、２０００匹のアリが横断している。一所懸命荷物を運んでいる。荷物を運んでるといっても、１㎜か2㎜の甘いものを一所懸命運んでるわけですね。で、２０００匹の中の10匹ほどがほかのアリたちの10倍くらい働いている。その10匹は、ものすごくよく働いているんだけれども、ほかのアリたちが１人前（１蟻分）しか働いていないので、ものすごく攻撃的なんですね。「なんでおまえたちは１人前しか働かないんだ。なんでそうやってずーっとのんびり働いているんだ。俺たちは10倍も働いているんだぞ。10倍も一所懸命、巣の中にエサを運び込んでいるんだぞ。こんなに働いてるんだぞ。なんでおまえたちはそんなに働かないんだ」って言って、その10匹は周りに対してトゲトゲしく攻撃的な生活を送っている。

確かに、10倍という働き量を示しているので、周りの１９９０匹は1人前（１蟻分）しか働いていないので、何も言い返すことができなくて、ただ、うつむいて黙々と運んでいるだけなんです。

で、この２０００匹にプラスしてもう１匹、変な存在のアリがいます。このアリは全然働いてなくて、なんにもエサを運んでないんだけど、冷蔵庫の壊れたのがあると、その上に登っていって、空が見えるところに行って、そこで必ず手を合わせて「ありがとう」って言っている。それで、その冷蔵庫の壊れたところからまた降りていって、今度は洗濯機の壊れたのがあると、その上に登っていって、また青空の見えるところで「ありがとう」って言ってるアリがいる。それを見ている人間がいる。それをずっと見ているんですね。

人間の身長の10分の1が15㎝、その10分の1が１・５㎝だから、アリと人間の力関係って１００対１なんです。わずか１００分の１なんです。この１００倍の存在がピンセットを持ってきて、１匹のアリをそっと摘（つま）んで２ｍ離したとする。そうすると、このアリは何が起きたんだかわからないけど、突然に神隠しにあったように、周りに仲間のいないところにポンッと持っていかれるわけですね。で、嗅覚が発達してますから、必死になって一所懸命捜して捜して、やっと巣穴に戻って帰って「あー、もう大変だったよ。いきなり全然知らないところに連れてかれて、なんか周り見渡しても君らいないしさー。で、一所懸命帰ってきたんだよー。君らがいるから安心したけど、一体何が起きたかわかんないよー」「きっとそれ、神隠しって言うんだよ」とかなんとか言いながら一晩過ごすわけですね。

で、人が、大きさでいうと１００分の１のアリに関わったときに、このアリはわずか１００倍しか大きさが違わないのに、何をされたか全然わからないんです。摘まれて空を飛んでるときに、「アリッ」って言うぐらいしかないんですよ。だって想像できませんから。一体自分に何が起きてるんだか、まったくわかりませんから。

◎見守ってくれている、大きな存在

そういう見守っている１００倍の存在がいる。人間とアリの関係では間違いなく、これは成立しますよね。もし、神という存在がいたとして、人と神との関係は１対１００なのか、１対１０００なのか、１対１万なのか。いえいえとんでもない。１対１兆、いやそれでも控えめすぎるでしょう。１対１京……。人間と神の大きさ、能力の差っていったら、どのくらいですか、全然話になりませんよね。人間が10の68乗まで考えて無量大数までいったけど、実は10の68乗の外に神はいるらしい。そこまでだっていうのが無量大数なんです。そこまでしか人間の能力では考えられなかったんです。それくらい違いのある存在が、いつも上から見守っているんです。

猛烈に走り回っているアリがいる。ほかのアリたちより10倍働いているけど、ものすごく攻撃的で威張っていて、いつもほかのアリに対してイライラして怒っていて、激しい言葉で声を荒立てているアリが10匹いる。そして、それを黙って聞いていて「僕たちは十二分に働いてないんだから、しょうがないよね」ってうなだれながら、ずーっと黙々と働いているかわいそうな立場の１９９０匹のアリがいる。一方で、全然働かないけれど、暇があると高いところへ上がってきて、手を合わせて「ありがとう」って言って、また高いところを探しては上を見て「ありがとう」って繰り返し言っているだけのアリがいるとする。

１００倍の存在の人間は、この3タイプのアリを見てどれを一番愛(いと)おしく思うでしょうか。**私だったら、なんにも働いていないけれども高いところへ上がってきては「ありがとう」って言ってるアリをすごく愛おしく思います。**じゃあ、このアリのために何をしてあげようか、というと、私だったら角砂糖を3つぐらい持ってきて巣穴の前にドンッと置いてあげますね。すると、この２０００匹のアリが必死になって働いた4月から10月までのエサとか栄養とかを集めるよりも遥かに何十倍もの糖分を手に入れることができますね。そのことがこのアリにわかったとすると、今まで一日に5カ所、空が見えるところに行っていたのを今度は10カ所に増やして、一所懸命「ありがとう、ありがとう」って言うようになるんですね。

◎大きな存在から愛されると……

要するに、アリ対人間は1対100である。しかし、人間対神は1対1兆あるいは1対1京ってことで言いますと、私たちはもう、努力をするとか、頑張るとか、あまり気合いを入れなくていいと思います。努力することも頑張ることも悪いことではないですよ。だけど、その結果として、それに付随するものとして、苛立ったり、腹を立てたり、怒ったりして周りの人にトゲトゲしく攻撃的になったりするぐらいだったら、この努力そのものを全部やめてしまいませんか。

「私」を成り立たせてくださっている、すべての物、人、友人、知人、家族、神仏、守護霊に対して、ただひたすら「ありがとう」を言ってると、どうも角砂糖をたくさんくださるみたいだ、という結論にいたったんです。父と子の関係が、神と人との関係である。いくらしてあげてもいい。見返りが返ってこなくてもいい。けれど、ただ「ありがとう」と言われたら、神はすごく嬉しい。だから「もっとしてあげよう」って思う。してあげようっていうのは、要するに、このアリ1匹のために、その集団全体が食べていけるような角砂糖をくださるということです。

一日5回「ありがとう」とお礼を言っていたアリが、一日10回言うようになったときには、100倍大きな存在である人間の私は、多分今度はビスケットを20枚くらい持っていってしまいますね。そうするとこのアリは、10年働いても得られないようなものすごい膨大なる報酬をもらってるということになります。

そういうふうな、まったく考えられないような膨大な力を持っている大きな存在というのが、実はいるのではないでしょうか。そして、この存在を認めたところから、皆さん一人ひとり人生が変わるみたいです。そういうふうに考えていくと、実に奇跡みたいな形でどんどん現象が起きてくるみたいです。それは結局、100対1の存在である私とアリとの関係に似ているのではないでしょうか。

「〝ありがとう〟って言ってくれて、すごく嬉しい。もっとしてあげよう」って神さまから愛されるのは2001匹目のアリさんなんです。

38

改名は必要か

幸せや幸運という現象はない

宇宙には良い現象も悪い現象も
ないということです。
「私」がそれをどうとらえるか、
それが神さまからのテーマなんですね。

――「今のままの名前だったら悪いことが起きるので、名前を変えた方がいい」とある占い師の方から言われ、悩んでいる知人がいます。そういうときには、名前を変えた方がいいんでしょうか。また、そういう占い師を信用できるかどうか見分けるポイントがありましたら教えていただけますか。

名前を変えてもいいし、変えなくてもいいんです。というのは、名前を変えないと不幸になる、という事実はどこにもないんです。逆に、名前を変えたら幸福になる、という事実もないんです。なぜならば、幸福という名の現象、不幸という名の現象がないからです。自分が置かれている環境で、その現象の中からいかに喜びを見いだすか、自分の心のプログラムだけの問題だからです。幸せや幸運という現象はない。逆に不幸や不運という現象もない。私がどう思うかだけですから。

私、占い師さんとよくお話をするんですけれども「何が幸福で何が不幸なのか、その分かれ目を言ってください」って言うんです。「病気や事故に遭うのは不幸でしょ」って必ず言います。私は「病気や事故に遭ったら、どうして不幸なんですか」って言います。占い師さんは、そういう質問を受けたことがないので絶句しますね。

だって、病気や事故を経験した人で、人格がマイルドにならなかった人はいませんよね。必ず人格が高まるんですよね。なのに、どうしてそれが悪いことなんですか？「じゃあ、死ぬことは不幸じゃないか、事故に遭って死んだら不幸じゃないか」って言う人が必ずいます。が、実は、死ぬことさえも全部決まっていて、自分が書いたプログラムどおりにしか死にません。それが良いとか悪いとか誰が決めるんですか。

早死にをしたら悪いとか、長生きをしたら良いとかなんてことは全然ないんですね。**人間は長生きするのが目的ではなくて、死ぬまでにどう生きるかだけです。**「でも、幸福というのはあるんじゃないですか。宝くじに当たったり、お金持ちになったりすることがあるじゃないですか。それを幸運と言うんです」って占い師さんは言ってきます。そうでしょうか？

10年ほど前にアメリカのある新聞社が、１００万ドル――その当時で1億２０００万円ぐらいですかね――宝くじで当てた１００人の長者を2年後か3年後に追跡調査したことがあったんです。で、2年後、3年後にまったく変わらずに前と同じ仕事をしていたのは、たったひとりだった。１００分の1だったんです。あとの99人は、離婚訴訟中か妻に逃げられたか、それから妻から半分よこせという請求の訴訟か、子供から半分よこせという訴訟を受けているという状態だったそうです。

で、多くの人が味わったのは、レストランに行ってチップを10ドル払おうとすると、従業員に取り囲まれて「なんておまえはケチなんだ。なんで１００ドルよこさないんだ」って言って、どこへ行っても吊るし上げられたそうです。どうして、妻や子供から訴訟を起こされてるかっていうと、その１００万ドルは、妻が半分もらう権利があるのだから、この人に勝手に全部使われては困る、だから半分をすぐに相続させろ、贈与としてよこせ、という訴訟なんです。

結果として、１００万ドル当たった人で幸福になった人は誰もいない。ひとりだけ変わらなかった人は、農夫だそうです。この人は、お金をポンッと預けて、そのままずーっと農業をしていたそうです。その人だけが何ひとつ変わらなかった人です。より幸せになった人はひとりもいなくて、人生がめちゃくちゃになった人が99％だそうです。じゃあ、宝くじに当たる人が幸せなんですか？　今の話を占い師さんにします。その占い師さんは、それ以上は言葉を失います。**宝くじに当たることが幸福だなんて誰も言えないんです。**

私たちは、お金持ちになったことがないので「あー、お金持ちになりたい。お金持ちになったら幸せになれる」ってみんな思ってますけど、実際にお金持ちになった人の暮らしをずーっと見ていくと、あまり幸せそうな人がいるようには思えません。何が幸福で何が不幸かという問題なんですが「宝くじが当たったら幸福ですよね」っていうのはウソです。

必ずめちゃくちゃになりますね。

大変おもしろいことに、これも宇宙法則なんですけど〈お金＋友人＝１００〉なんです。収入が多くなると友人が少なくなる。貧乏なときは、友だちがたくさんいます。それで、合計は必ず１００になるようになっています。これは、宇宙法則のひとつです。私が30年間、ずっと見つめてきた中で、法理法則としてわかったことは、宇宙には良い現象も悪い現象もないということです。「私」がそれをどうとらえるか、それが神さまからのテーマなんですね。

◎占い師を見分けるポイント

それでももし、すごく悪いことを言われて悩んだ場合に見分けるポイントは？　と言いますと、人間は予知ができたり、ものが見抜けたりする人でも絶対に触れてはいけない3つのジャンルがあります。〈盗〉〈姦（かん）〉〈死〉と言います。

〈盗〉というのは盗み、犯罪ですね。その人が過去にしてきた犯罪というのが仮に見えたとしても、絶対に口にしてはいけないんですね。それから〈姦〉というのは男女関係、男女問題ですね。それが見えたとしても言ってはいけない。それから〈死〉というのは、死期が読みとれることができてもそれを人に告げてはいけないんですね。

この３つを口にしないということは、厳然たる宇宙の摂理として、どんな占い師も超能力者も守らなくてはいけないことです。本当に決して触れてはいけないジャンルなんですが、勉強をしていない人は平気でそれを口にしたりしますので、逆に「あなたはいつ死にますよ」とか言う占い師あるいは超能力者がいたとしたら、その人の言ってることは全部ウソだと思ってください。**最低限のちゃんとした精神的な勉強、精神世界の勉強をしてきた人は〈盗〉〈姦〉〈死〉について触れることはないんですから。**本当に宇宙と宇宙の精霊たちとお話ししてる人たちは、この３つについて触れることは絶対にしないんです。

この３つを言わないということが、その人が信用できるかどうかの証明です。そこのところは、ワンポイントチェックとして覚えておいてください。

例えば、手相を見せたり人相を見てもらったりしたときに「１カ月後に死にますよ」とか言われたら、もうその人の言うことはおかしいって思ってかまわないですよ、ということです。それは告げてはいけないし、相手に対して伝える必要のないことなんですね。

39

瞑想(めいそう)、座禅の目的

どんな状況でも平静でいられるか

どんなことが起きても、
どんなひどい状態であっても、
冷静な判断ができて心が穏やかで、
感情的にならないで、
きちんとした人格でいられるか、ということのために
瞑想、座禅が本来あるんですね。

――正観さんは、瞑想や座禅についてはどう思われますか。

アメリカのプロゴルファーでタイガー・ウッズという人がいますね。グリーンベレーの特殊部隊であった父親から、2歳のころからゴルフの英才教育をずーっと受けていたんですね。クラブを振り上げてインパクトする瞬間に、父親は横にいて手をパチッと叩いたり、ピューと口笛を吹いたり、鈴を鳴らしたり、ワッと声を出したりしてタイガー・ウッズを驚かしたんですね。そういうことを何千回とやり続けた結果として、タイガー・ウッズはインパクトの瞬間にどんな音がしても動揺しない人間になった。10歳のころになると、父親が5mほど前に立ちふさがって「俺の頭を越えて200ヤード打て」と言った。200ヤード打つというのは、フルスイングするということです。そのときに父親の顔面に当てたのでは、父親は死んでしまう。つまり「俺が木で、この木が邪魔してると思え」というふうにタイガー・ウッズを鍛えたんです。また、あるときはカラスの鳴き声まで発して、ドライバーショットを妨害し、タイガー・ウッズの精神を鍛え上げたというエピソードもあります。

タイガー・ウッズは、そういう負荷に対してずっと自分を鍛えていって、いつどんなことがあっても精神的に崩れない人間になって、19歳でありながら、30歳、40歳になってやっと到達するようなものすごい強靭な精神力を手に入れて、有名な国際大会で最年少で優勝を果たしたんですね。

瞑想、座禅をするのに、静かで穏やかなところで1時間や2時間やっても、それが最終ではない。みんながワーワー騒いでいて、子供が走り回っていて……というような状況のときに、ニコニコして心が平静で穏やかでいられるかどうかということが、実は瞑想、座禅の本質でしょう。「瞑想、座禅を何のためにするのか」って言ったら、どんなことが起きても、どんなひどい状態であっても、冷静な判断ができて心が穏やかで、感情的にならないで、きちんとした人格でいられるか、ということのために瞑想、座禅が本来あるんですね。

つまり、タイガー・ウッズは、どんなことがあっても、ちゃんとスイングすることができて、球をコントロールするために、そういった訓練をしてきてるんですよね。ということは「私」の心の訓練というのは、どこにあるんですか?

どれほどひどい状況設定でも、「私」自身の人格が耐えられるかどうかを、日々の生活の中で実践していくことですよね。

自分の好き嫌いとか、良し悪しとか、
そんなものはどうでも良くなって、
ただ、自分の存在が喜ばれる存在になることが、
どうも宇宙的な意味であり、
使命らしいということに気づきます。

――生まれ変わってくる魂の目的というか、一体何を目指して魂は何度も生まれ変わってくるのでしょうか。

例えば、自分が遊園地などに行ってジェットコースターとかに乗っておもしろいとします。メリーゴーラウンドが楽しいとします。自分が楽しいと思って行ったことについては、自分が楽しいだけで誰も喜んでくれないんですね。ところが、**ほかの人に何かを要請されて、その人が喜んでくれたときの自分の喜びがわかってくると**――これは三次元的なものから四次元的なものという言い方をするんですけど――四次元の喜びの方を知ったら、もう癖になるんですね。

で、生まれ変わってきて人間は何を目指してるかというと、自分の存在がほかの存在から喜ばれるものになることなんです。ほかの存在というのは、動物、植物、鉱物を含む全部っていうことです。だから環境問題も入ってくるんですね。

一番身近なものは人間ですね。自分の目の前に存在している人たちから、自分の存在が喜ばれることが、どうも私たちがこの世に生を受けたことの意味であるらしいのです。それは勘違いでもいいんです。誤解でもいいんです。そう信じてやっていくと、そう自分が振る舞ったとき相手に**「あなたがこの世に存在してくれて嬉しい」**と喜ばれたときの喜びが別次元であることに気がつきます。それは、その喜びが魂を震わせるものだからです。

そうなってくると、もう自分の好き嫌いとか、良し悪しとか、そんなものはどうでも良くなって、ただ、自分の存在が喜ばれる存在になることが、どうも宇宙的な意味であり、使命らしいということに気づきます。

◎生まれ難き人界に生まれしを喜ぶ

で、生まれ変わりのことを言いますと、今ここにコップというものがあるとしますね。今、このコップは私たちの雰囲気を全部学習しています。宇宙語で〈エクサピーコ〉という魂が入り込んでいて、まず鉱物に10万回入るらしいです。例えば、私が今これを落としたとしますね。ガチャンと割れますね。そうすると、それで生まれ変わり1回のカウントです。これをチベット仏教では〈ポア〉と言うらしいです。〈魂の救済〉ですね。でも、これは取り落としたときには〈ポア〉になりますけれども、私の意志でこれを取り落として割ってあげようとしたときには、たとえ、「私」が上級の存在であっても、この人は傲慢な人になります。

上級の存在というのは、鉱物、植物、動物、空の雲、人間というふうに5段階になるらしいんですが、たとえ上級の存在であっても自分の意志でそれを無目的に割っていいというような、そういう傲慢な立場は許されないんです。ただ、ケアレスミスで落とすのは、しょうがないんですけど。

そのときに、このコップが水を溜めることができない存在になったときに、魂がどうも元に戻るらしい。それが1カウントです。鉱物は、それらを10万回じっと聞いていて、自分は手足が動かないので「今度自分が動物や人間になったときは喜ばれる存在になるぞ」って固く決意をしながら、私たちのそばにいるんですよね。鉱物に入ってた経験が10万回あるんです。その10万回が終わると今度は植物に入るそうです。植物の10万回が終わると、動物の10万回があって、その次に空の雲になるらしいです。楽しいことや悲しいことをふと思ったときにその形になるらしいんですね。

で、それらを経てやっと人間になるそうで、仏教の言葉に〈生まれ難き人界に生まれしを喜ぶ〉というのがあります。人間界に生まれ落ちただけで喜ばしいということなんですけど、実は私たちは、鉱物、植物、動物、空の雲と40万回を経て、やっと人間に生まれ変わったんですね。そこで〈不平不満、愚痴、泣き言、悪口、文句〉を言っていると、ある人の話では、550億の生まれたいと思っている魂たちが地表から10㎞から80㎞の上空に浮かんでるんですが、その魂たちが地団駄踏んでるそうです。「そんなに言うんなら早く代われー」って。もう代わりたくて代わりたくてしょうがないんだそうです。

でも今、人間でいる私たちは、ほかの魂たちに申し訳ないんだけど「私はいろいろ修行しなければいけないので、先に行かしてください」と自分がお願いしたんですよ。ほかの魂の人たちは「私も350年ほど待ってるけれども、あなたはもう少し修行が必要なんだろうから、先に行ってもいいよ。楽しんできてね」って550億の人たちが、一人ひとり私たちと約束をして送り出してくださったんです。

そこで〈不平不満、愚痴、泣き言、悪口、文句〉を言うと、すごくもったいないことをしてるんですよね。「やっと順番が回ってきたのに、そんなに言うなら早く代われー」って声が聞こえてきませんか。

41

さまよえる霊

〈今日（こんにち）、ただ今（いま）、この刹那（せつな）〉を大事にする

目の前にいる人を大事にし、
目の前にある事を大事にしていく
ということに尽きると思います。
そのとき、霊が入り込むかどうかなんて
考える必要ないですよね。

――「その人の波長に合った霊が憑いていて、こういういいお話を聞いて自分の波動が上がったとき、その霊が居心地が悪いので、できるだけ元に引きずり下ろそうとする」というような話を聞いたのですが、〈さまよえる霊〉とかいうのは、どのように考えたらいいですか。

そんなことは考えなくていいから〈今日、ただ今、この刹那〉を大事にすることですね。目の前にいる人を大事にし、目の前にある事を大事にしていくということに尽きると思います。一人ひとりを大事にするということは、その人のすることについて、腹を立てたり、怒ったり、怒鳴ったりしないということです。そういうふうに考えていくと、なんにも考えなくても勝手に波動は上がっていきます。そこに霊が出たり入ったりするのかな、って考える必要はないですね。ただひたすら〝実践〟するだけでいいですね。

どんな状況であっても、腹を立てないでいられるか、同じ口調でいられるか。どんな人に対しても同じにこやかさ、穏やかさ、同じ態度で過ごせるか。どんなに忙しくても、同じ笑顔で過ごせるかどうか……を自分の中に問いかけているだけであって、そのとき、霊が入り込むかどうかなんて考える必要ないですよね。そんなことはどうでもいい。〈今日、ただ今、この刹那〉私がどう生きるかだけです。

やっていること、存在することが、
周りから喜ばれるために必要なことだったら、
守護霊はあなたを評価して
神さまに伝えてくれるらしい。

――一人ひとりには、必ず守護霊がついていると聞きますが、守護霊と私たちの関係について教えてください。

今日、皆さんとは〝初めまして〟ではなく〝お久しぶりですね〟というご挨拶になります。皆さんとお会いするのは初対面ではなく、実は400年ぶり300年ぶりにお会いしている懐かしい仲間なんです。肉体をもらう400年前か300年前に魂の状態で「何月何日、どこそこでお会いしましょうね」って約束をしてたんです。その長い年月、待って待って待ちわびて今日やっとお会いすることができたんです。とても嬉しいことなんです。

ある方に言わせると、私は9万6000回くらいの生まれ変わりなんだそうですけれども、だいたい今日いらっしゃってる皆さんの生まれ変わりの回数も9万4000から9万8000回くらいなんですね。同じくらいの生まれ変わりの回数の人でないと会わないんですね。そして、あと4000回くらい生まれ変わりますと皆さん神さまになります。神さまといっても、神さまにもランクがありまして、一番下の神さまは守護霊っていうランクで、今も皆さんにひとりずつついていらっしゃるようです。

私たちは、肉体があると思ってますけど、実は私たちの体は回転球体のかたまりなので、個体としての存在ではなく波動なんです。振動体ですね。で、守護霊というのは、私たちの日常生活をずーっと見守っているんですね。この人の生き方が人に喜ばれるものであって、波動が上がれば上がるほど、この人の望みを叶えてあげようと思うらしいのです。

私たちが神社に詣でて、神さまにお願いをしたときに神さまが聞いてくれるときと、聞いてくれないときとあるんだそうですが、それは私たちが直接、神さまにお願いをして聞き入れてもらってるんではなくて、守護霊さんが神さまとお話をしてくれるそうです。守護霊さんが話をしない限りは神さまはまったく聞けないそうです。人間と神さまはコミュニケーションできないそうです。神さまは聞く耳がないというよりも、周波数が違いすぎるので通じないいんですね。神さまと私たちとは2次元違うそうです。でも守護霊と人間は対話ができて、守護霊と神さまもできるそうです。

守護霊は、私たちとコミュニケーションできるけれども、それは会話という形ではなくて、ただひたすら、私たちを見守っているんだそうですね。この人をずっと見ていて、この人のやっていること、存在することが、周りから喜ばれるために必要なことだったら、「じゃあ、私（守護霊）はあなたを評価して神さまに伝えてあげよう」ということで伝えてくれるらしい。ですから、守護霊さんに評価をされた人は、念じて思うと全部叶うらしいんです。

◎まずは〈五戒〉を口にしない

私たちが、この世に生を受けたことの意味というのは、結論を言ってしまうと〝喜ばれる存在になる〟ということなんですね。人間がずっと登っていく山というのがありましてね。3分の1ずつくらいに分かれるんですけれども、はじめの3分の1くらいまで来るのは〈五戒〉――不平不満、愚痴、泣き言、悪口、文句――を言わないということ、これが第一歩なんです。その次が、喜びに満ちることですね。自分の身の回りのことがすべて喜びに思えてくるというのが第2段階です。その次に、すべてのことを喜ぶという気持ちを通り越して、すべてが感謝という念にいたることができたら頂上に近づくんですね。

私たちは、自分が思いどおりにならないときに、不平不満を言ってしまうんですが、最初にそれを口にしないことにする。人生というのは、実は私たちは喜びに満ちた人生しかいただいていないんですけれども、自分の思いどおりにならないときに、つい〈五戒〉を言ってしまいます。それを言わないようにするってことが第1段階です。自分の口から〈五戒〉を言わないようにして、そこから先さらに自分自身の魂が向上していくと、ありとあらゆることが喜びになってきます。愚痴を言わないというレベルではなくて、今度は肯定的な言葉しか口から出なくなります。それが一歩進んだってことです。〈嬉しい、楽しい、幸せ、大好き、愛してる、ありがとう〉っていう言葉しか、口から出てこないようになったら2段階目です。

さらに人間は進むことができて、自分の喜びがイコール感謝になることです。つまり〈嬉しい、楽しい、幸せ〉のあとに最後の言葉として〝ありがとう〟って言葉が存在するんですけど、すべてが〝ありがとう〟になると3段階目です。それで9分9厘まで来ますね。で、残りの最後の1％のところ、これは周りから自分がいかに喜ばれる存在になるか、ということです。すなわち、徳というものですね。いかに喜ばれる存在になるかということが、私たち肉体を持っている人間のテーマなんです。

◎神のような人格とは

具体的な人格でいうと〈五戒〉を口にしないのは当たり前なんですけれども、出てくる言葉が、人を安らげるものであり、温かくするものである。力づけるものであり、勇気づけるものである。優しい気持ちにするものである……。それから、すべての人に対して寛大、寛容。すべての人に公平、平等。すべての人に対して同じ笑顔で同じ態度で同じ優しさで話ができる。どんな人に対しても差別、区別をしない。どんなことに対しても腹を立てないし、恨んだり呪ったり憎んだりしない、っていうような人格が神のような人格なんですけど、実は皆さんは９万６０００回ぐらいまで来てますので、守護霊になるまでもうちょっとです。随分長い道のりでした。

鉱物を10万回やりますね。それから植物を10万回やります。それから動物を10万回やって、そのあとに空の雲を10万回やるそうです。で、この40万回をやったあとに人間を10万回やって合計50万回やって守護霊になります。守護霊をやると、その後に菩薩界が存在し、菩薩になるそうです。菩薩界で何回か生まれ変わりをやると、次に如来界に行くそうですね。その如来界の上に神界、神の領域があるらしいんですね。

大変おもしろいですけれど、今、私が意識をして皆さんを、あー何百年ぶり、４００年ぶりか３００年ぶりかという目で一人ひとりを見ますよね。つまり、他人であるというのではなくて、初対面であるというのではなくて、私とものすごく深い因縁（いんねん）であるひとりなんだ、という目で皆さんを見ますね。そうすると、私の守護霊と皆さんの守護霊がすごく仲良くお話をするんです。でも、この人と私は他人で初対面だから関係がない、っていう具合に腕組みをして——腕組みというのは心理学的には拒否するってことなんですけど

——そうなると守護霊どうしがお話をしたくても、なかなか近寄れないということなんです。

でも「あー久しぶり、やっとお会いできましたね」って、そういうふうに一人ひとりを見ることができると、とても愛しさや親しみを感じますよね。だって、待って待って待ちわびた人が目の前にいるんですものね。

43

超能力を持つ

キーワードは「人格」

超能力というのは、すべての人が持っているんです。力を入れないこと、頑張らないこと、努力しないこと、いつもニコニコしていることが大事なんですよ。ただ、自分の心の問題だけなんですよね。

――私は、超常的な現象に興味があって、超能力を身につけたいと思っているのですが、どのような訓練をしたら良いでしょうか。

超能力というのは、すべての人が持っているんです。15％くらいの顕在意識――自分でコントロールできる意識――に対して、潜在意識というのが85％くらいあって、その85％を使えるのは、心が穏やかで満ち足りて幸せで、という状態のときです。心が苛立って荒れていると全然使えません。リラックスすることが重要ですね。腹を立てて、イライラしていると15％の顕在意識しか使えません。だから、**攻撃的、戦闘的になればなるほど、自分の力でその問題を解決しないといけないように神さまは創ったみたいです。**そういう状態であればあるほど、問題の解決が難しくなるようになっているみたいで、自分の実力では、なかなか乗り越えられないような問題を設定しているみたいですね。

残りの85％の超能力領域というのは、どうも神さまから鍵をかけられたみたいです。その鍵を開けるためのキーワードは「人格」ということなんですね。人格が向上するとともに、そのご褒美として超能力は目覚めていくらしい。なんでそういうことにしたのか？残りの85％の能力というのは全部超能力に属するものだから、変な人に使われると大変なんです。で、人格者――人格が身についた人は、使ってもいいように扉は開くようになっているらしい。人格者というのはどういう人かというと、どんなことがあっても〈怒らない、腹を立てない、怒鳴らない、声を荒らげない、イライラしない〉人です。どんなことがあってもですよ。

◎イライラさせる人っているの？

こういうお話をすると必ず「だって、周りに私を怒らせる人がいるんだもの。しょうがない」って言う人がいますが、その人は自分が怒っているのは正当であって、怒らせる人が悪いんだって、考えているんですね。それはまったく違います。怒らせる人、イライラさせる人がいるのではなくて、自分が勝手に怒っているだけです。自分が感情的に処理できないだけなんです。怒らせる人がいるわけではないんです。

こういうお話をしましょう。私の目の前をある人が歩いているとする。その人に対して私が何も思わなかったら、この人は〈なんでもない人〉なんですよね。ただ通り過ぎるだけの人です。この人が私に何か言ったり、したりしたときに、私がイライラしたとする。私がイライラしたときに、実は目の前の人が〈イライラさせる人〉になったんですよね。私がイライラを感じたときに〈イライラさせる人〉が私の目の前に生まれたんですよね。

地球に生まれたんですよね、宇宙に生まれたんですよね。私がイライラしなかったら、この人は単に通り過ぎるだけの人なんですよね。

じゃあ〈イライラさせる人〉っていないんですか？　絶対的な価値を持って必ず〈イライラさせる人〉というのは、世の中には存在しません。この人が〈イライラさせる人〉かどうかは、結局、自分がイライラするかどうかによって決まってくるんですね。私がイライラを感じなかったら、この現象は単に通り過ぎていくだけのことなんです。ということに気がつくと、実は怒らせる人や〈イライラさせる人〉というのはいないんですね。いると思っている人は、その人にとってのみ存在するだけです。それを生み落としたのは、その人自身なんです。絶対的にイヤな〈人、こと、物〉というのは、宇宙には存在しないんですから。

◎頑張って努力してはいけません

どんな場合でも心穏やかに、争わない、戦わないという方向にいったとき、そういう「私」の人格をつくることができたとき、潜在能力の扉がカチャッと開いて、なんと超能力者になる。

超能力というのは3つのキーワードを持っています。〈努力する、頑張る、必死になる〉という言葉がありますね。努力というのは、イヤイヤ人に強いられて命令されてイヤなことをやることです。イヤだけど、やらなくちゃいけない。英語で言えば〈must〉です。この〈must〉があると超能力の領域に入っていけません。〈努力する、頑張る、必死になる〉でもいいんですが、それでは15％の領域までしか行けません。私のお話は85％の領域のことを言っているのであって、15％の領域でこの3つがいらないと言っているのではありませんよ。15％の領域で努力して、頑張って、必死にこだわってる間は85％の領域に入っていきませんよ、というお話です。

普通は逆なんですね。「必死になって念じなさい。達成目標を立てなさい。それについて必死になって想念を集中しなさい。そうしなければ超能力は出ないですよ」っていう言われ方をしますが、それは本質ではないと思います。85％の領域に入るためにはどうしても必要なものがあるんです。〈努力をしてはいけません〉ってことです。努力という文字は奴隷の「奴」からきています。奴隷が命令されてイヤイヤやることだから。〈頑張ってはいけません〉。頑張るというのは〝我（が）を張る〟こと。自分が徹底的に執着することが頑張ることなんですね。

〈必死になってはいけません〉。必死になるとどうなるか、必ず死にます。「必死になりなさい」というのは、その状態をずっと続けていると必ず死にますよ、という意味です。昔の人は、こういうことを知っていたんですよね。要するに〈努力すること、頑張ること、必死になること〉をやめると85％の領域に踏み入ることができます。

そして、それを使いこなす方法、生かすことができる考え方というのがあります。〈そうならなくてもいいけど、そうなると、嬉しい、楽しい、幸せ〉って思うことです。「そうならなくてもいいけど、なったら嬉しい。でもならなくてもいいけどね。でもなったら嬉しい。でもならなくてもいいけどね。でもなったら嬉しい」。ここのところは、ものすごく重要ですね。「なんでこうしないの、やらなきゃダメじゃないの」って言うのとは全然違うんです。

◎〈嬉しい・楽しい・幸せ〉の上乗せ

子供がいて、夕方、母親が帰ってきたらたまたま雨が降っていて、その子が洗濯物を取り込んでなかった。そのとき「どうして取り込んでくれてないの、気がきかない子ね」って言ってしまう。ところが、取り込んでくれてなくても「もしあなたが気がついたとき、取り込んでくれるとお母さんは嬉しい。でも取り込んでくれなくてもいいけどね。でも取り込んでくれたら私は幸せ」って執着を捨てて〈嬉しい、楽しい、幸せ〉の上乗せを提案していくんです。洗濯物を取り込んでくれなくてもペナルティーではないし、〈ねばならない〉を押しつけているわけではないんです。

実は、対子供だけの問題じゃなくて、全部そういうふうに切り替えることができる。すべての対人関係、すべての現象について「こうならなきゃイヤだ」って力を入れて頑張った瞬間に超能力は全然出ません。「こうなると嬉しい、ならなくてもいいけど」って執着を捨てて〈嬉しい、楽しい、幸せ〉の上乗せだけを考えるとそうなりますよ、ということですが、さらにもう一歩上のランクの超能力の使い方があります。それは15％の先、16％の領域から始まるのではなくて、いきなり50％くらいからの扉を開く方法です。

◎先にお礼を言ってしまう

〈こうならなくてもいいけど〉っていう、執着の部分を捨てるところは一緒です。それは重要です。ならなくてもいいけど、というのを押さえた上で〈こうなってくださって、ありがとう〉って完了形で先にお礼を言ってしまうことです。それも、基本的に苛立ってはいけない。こだわって必死になっているとダメ。執着して頑張っているとダメ。〈そうならなくてもいいけど〉って一度捨てといて〈なってくださって、ありがとう〉なんですね。それがちゃんとできていないと、念ずれば叶うっていうのは違うんです。捨てないと、念じてもダメです。

執着している限りは、脳波がベータ波で、超能力者にはなれないんですね。「ただひたすら念ずれば、頑張れば手に入るんだ。必死になりなさい」ってずっと教え込まれてきましたが、精神世界を突きつめて勉強してくると、それは逆みたいです。力を入れないこと、頑張らないこと、努力しないこと、いつもニコニコしていることが大事なんですよ。訓練いらない、努力いらない、年月もいらないんです。ただ、自分の心の問題だけなんですよね、超能力者になるっていうのは。

44

精神世界の追究

ニュートラルな心の状態でいる

誰に対してもいつも変わらぬ態度で、
笑顔で接することができて、
「ただ、今生きてることが嬉しいんだよね」
って思える人にとっては、日々の生活がそのまま
精神世界を究める絶好の場なんですよ。

――私はいろいろな精神世界のワークショップや講演会に行くのですが、先日あるワークショップに参加したとき、ヒーラーの方から「あなたは私のツイン・ソウル（魂の伴侶）で非常に高貴な魂の持ち主です。一緒にこれからこのワークショップを通して人々に真理を伝えていく役目があります」と言われたんです。私としては半信半疑なんですが、そのヒーラーの霊的な資質はすごく認めるところがあるので、少し迷っています。でも長年勉強をしてきて、精神世界を究めるということでいうならば、やはり彼とともに活動をする方がいいのでしょうか。

精神世界を究めようとしている人たちは、2とおりのタイプに分かれます。

ひとつはインドにすごいグル（霊的指導者）がいると聞けば、あの方はきっと私を呼んでいる。これをきっかけに運命が変わる……と喜び勇んで会いに行く。ヒマラヤに1000歳の聖者がいて、若返りの方法があると聞けばツアーを組んで探しに行く。中国に不老不死で病気治しの仙人がいると聞けば、弟子入りすると言って飛んでいく。という具合にあっちでワーッと騒いで、冷めたら、こっちでまた新しい人を見つけて追いかける。で、聖者に会って帰ってきても本人は、周りの人に対して相変わらず怒ってばっかりで、不平不満を言うのが直らないというタイプ。

もうひとつは、そういうところには全然行くということはしないけど、**心の勉強をして、**

日々誰に対しても同じ笑顔、同じ優しさで接することができる……。難しい本をそんなに読むわけでも、頻繁に講演会に行くわけでもないけど、いつも嬉しそうに楽しそうに実践している人。同じ精神世界を勉強していても全然表れ方が違うんですね。

で、前者の方はいわゆる大師、教祖さま、先生と称する方から「あなたのオーラはすごいですよ。あなたは前世でとても霊格の高い人でしたね。あなたには、特別の使命があります。あなたは選ばれた存在です……」と言われたときには、もう舞い上がっちゃうんですね。舞い上がって、すっかりハマってしまうわけです。

実は、それこそが悪魔の巧妙な罠(わな)なのです。悪魔はとても頭がいいのです。叱って、けなして、傷つけるという方法は一切とらないんですね。「あなたは特別なんだよ。選ばれた人なんだよ」って耳元で囁(ささや)くだけでいいんです。悪魔は自己顕示欲と傲慢さ、自我（エゴ）をうまく利用するからです。

結局、その人たちがハマってしまうというのは、私はすごい者である、大した者であるっていう自己顕示欲がとても強いからなんですね。

だから誉められると嬉しくて、けなされたらすごく落ち込むっていう具合に常に周りからの評価に対して一喜一憂して浮き沈みが激しい。それは、いつも他人からどう思われているかってことに焦点を合わせているせいもあるんですが、悪魔としては、これほど操りやすいのはないんですね。周りから評価されればされるほど、人は「自分はすごい者である。大した者である」と思うんですけど、実は、すごい者、大した者、そんな者どこにもいないんですね。ただそのとき、そのままのあなたがそこにいるだけなんです。

でも、自分は大した者であると思うから、傲慢にもなるし、悪魔の囁きに心揺れるんです。同じように、人間が腹を立てるというのもメンツやプライドがあるから腹が立つんですね。自分の方が上だとか、すごいんだと思うから、思いどおりにならないことがあると怒ってしまう。

でも、本当に心の勉強をしている人というのは謙虚なんですよね。謙虚な人は「自分は大した者じゃないんだから」って思ってるわけですから、けなされても落ち込まないし、逆に誉められて評価されても、浮かれることはないんです。起きてくることによって、いちいち心が波立たないんですね。

そういうニュートラルな心の状態でいることができると、人や物、あらゆる現象に対して先入観もなければ偏見もない、もちろん価値判断もしなくなる。そうなると、誰に対してもいつも変わらぬ態度で、笑顔で接することができて、「ただ、今生きてることが嬉しいんだよね」って思えてくる。そういう当たり前のことを当たり前に喜べるようになると、外に聖者やグルを追いかけようとはしなくなりますよね。だって、もうその人にとっては、日々の生活がそのまま精神世界を究める絶好の場なんですよ。

実は、一番身近にいる人たちが、あなたを最も早く解脱させてくださる存在なのかもしれません。

お釈迦さまの感動的なお話

釈迦の十大弟子の中にアーナンダという方がいました。アーナンダというのは釈迦の従弟(いとこ)で、釈迦が50歳のとき、20歳だったんですね。大変ハンサムで心の優しい男だったそうです。悩める人々は、お釈迦さまに直接相談に行くには心引けるけれども、アーナンダさまはすごく優しくて、心穏やかな人だから聞いてくれるにちがいない、ということで、お釈迦さまの代わりにいろいろな人の悩み、苦しみの相談事を受けていたんです。

でも、心優しいアーナンダは、その人の気持ち、その人の心になってしまって、いつも人の悩み、苦しみをずっと抱えてきたがゆえに30年間、釈迦の鞄持ち(かばんもち)をしていたにもかかわらず、ついに悟ることがなかったんですね。

2月15日にお釈迦さまはキノコに当たって死にそうになっていたとき、アーナンダが枕元に座ってハラハラと涙を流していたんです。すると、お釈迦さまが目を開けて「アーナンダよ、なぜ泣いているのか」と尋ねた。「だって私の大事なお師匠さまが死んでしまうかもしれないのに、これが悲しくて泣かずにおられましょうか」。

「アーナンダよ、そなたは一体私のもとで何年修行してきたのだ」

「30年ほどでございます」

「それなら、私が今まで何を言ってきたかわかるであろう。私の肉体の存在に依存してはならない。私の肉体や像を拝んだり依存してはならない」って言ったんです。


アーナンダは「あー、そうでございました。30年間お師匠さまのところにいて、ずっと教えられてきたのに私はお師匠さまの肉体の存在に依存しておりました。私が未熟でございました」。そのとき、釈迦はニッコリ笑って「アーナンダよ、そなたはやっとわかったみたいだな」と言って「ナーム」と一言残して死んでいったらしい。30年間付き従ってきて、やっと最後の最後、悟ったみたいだと言ってくれたので、アーナンダは多聞(たもん)第一尊者――たくさんの教えを聞いた第一の尊者であると言われています。

アーナンダはそういう人なんですが、ある宿に着いたとき、お釈迦さまに対してこういうふうに言ったことがあります。「お師匠さま、今日、私はあることで突然、頭の中に閃きが生じました。私たちは〈聖なる道〉というのを追い求めているわけですが、もしかしたら、良き友を得るということは〈聖なる道〉の半ばを手に入れたと言っていいのではないでしょうか」。

〈聖なる道〉というのは、自分の中に悩み、苦しみ、煩悩がなくて、いつも幸せで楽しくて執着がない状態ですね。「〝良き友〟を得られたら、その〈聖なる道〉の半ばを手に入れたと言っていいのではないだろうか」とアーナンダは釈迦に尋ねた。すると釈迦は「アーナンダよ、良き友を得ることは〈聖なる道〉の半ばを手に入れたということではない」と言ったんです。アーナンダは「あー出来の悪い、また全然トンチンカンなことを言ってしまったのかなあ」としょぼくれてしまった。そのときに釈迦が言葉を続けて「アーナンダよ、**良き友を得ることは〈聖なる道〉の半ばではなく〈聖なる道〉のすべてを手に入れることである**」。

わかりますか。同じ価値観を持ち、同じ方向に向かっている人たちを自分の友人にすることが、実は人生のすべてなんです。私は、年間300回講演を頼まれますが、一度も断りません。どうして？　だって良き友が待っているんですよね。

初対面かもしれないけど、宇宙構造とか輪廻転生（りんねてんしょう）とかで言ったら初対面っていうのはないんです。だって百回、何千回と皆さんとは会っているんですもの。**そういうことがわかったら、一人ひとり見る目が違ってきます。**良き友を得ることは〈聖なる道〉のすべてなんです。

あとがき

もともと、宇宙には〝問題〟なんてない

〝問題〟を目の前にしたとき、人間には3つの解決方法があります。

①突破すること
闘って争って競って主張して説得して、自分の意見を通すこと。

②逃避すること
この上司のもとではもうやっていけない、と会社を辞めたりして、その〝問題〟から遠ざかること。

③我慢し続けること
解決にはならないが、ただひたすら忍耐・辛抱をし、耐え続けること。

私たちが生きている世界は「三次元」(たて・よこ・高さの3つの次元によって成り立

っている。一次元＝直線、二次元＝平面、三次元＝立体＝私たちの世界）ですが、三次元的な解決方法としては、以上の3つです。

ところが、「四次元」には4つ目の解決方法が存在するらしい。

4つ目の解決方法とは、

④「気にしない」こと

「気にしない」というのは、英語で言うと「I don't mind」。「ドンマイ、ドンマイ」と言うのがこれで、「気にしない、気にしない」というもの。どんなに怒られてつらい状況になっても、「気にしない」ように〝努力〟するわけです。

さらに、「五次元」には5つ目の解決方法があります。

その5つ目とは、

⑤「気にならない」

「気にしない」のは、〝問題〟は存在するものの「気にしない」ように考えて生きるのですが、「気にならない」のは、上司に怒られようが怒鳴られようが、「どうしよう」と思い悩むのではなく、〝問題〟が〝問題〟として認識されていない状態です。英語で言うと「There is no problem」。「問題なんてない」。「There is no problem」をピッタリの日本語に置き換えると、「で、何が問題なんですか」ということになります。

「こんな簡単なことでミスをして、おまえはバカなのか！」と上司に怒鳴られたとして、そのときに、「そうなんです。私、本当はバカなんです。能力は低いし、どうしようもない奴なんです。なるべく同じミスをしないようにはしますが、根っこがバカなので、また同じようなことをするかもしれません。こりゃダメだ、と思ったらいつでもクビにしてください」と言えるような状態であったなら、クヨクヨしたり、落ち込んだりすることはないでしょう。

もともと、宇宙には〝問題〟なんてないのかもしれません。

それを、「未熟な私」が〝問題〟としてとらえてピリピリし、「つらい、悲しい、つまらない」と言っているだけなのかもしれません。

この本では、「こんな〝問題〟のときにはこう考えると、楽になれるんじゃないでしょうか」という提案を含んで、実際に行われた質疑応答をまとめていただきました。

「はじめに」のところで、本の作成に関わってくださった方にお礼を言いましたが、この「あとがき」ではほかにも、お礼を申し上げておかねばなりません。

それは、質問をしてくださった方々です。

抽象的、観念論的な本ではなく、実用的・実践的な本になったのは、質問してくださった方が、実生活に即しての具体的な例を言ってくださったから。

質問をしてくださった方々にも、心よりお礼申し上げます。

終わりまで読んでくださって、ありがとうございました。

小林正観

特別寄稿

「たった1回だけ、直接、正観先生に質問したときのこと」

作家 ひすいこたろう

かつて、妻と離婚したい時期がありました。そのことで悩んでいたときに、正観先生の講演に初めて参加したのです。そこで僕の人生にザ・レボリューション、革命が起きたのです。

その話をする前に、まず僕の妻の話をさせていただきますね。

僕の処女作が刷り上がったときに、僕はうれしくて、うれしくて真っ先に妻に見本の本をプレゼントしました。すると、妻はペラペラとページをめくり、ひとこと、こう感想を述べたのです。

「ねえ、これ、ありがちじゃない？」

ダンナの渾身（こんしん）のデビュー作に対してひどくないですか？（笑）

まだあるのです。このデビュー作をベストセラーにしていただき、続編が出ることになり、また見本が届いたときも僕は真っ先に妻にプレゼントしました。すると、妻はページをペラペラとめくり今度はこう言ったんです。

「ひすいこたろう、終わったな～」

これ、ひどくないですか？（笑）

まだまだ鬼嫁伝説はあります。僕の本がアマゾンで総合1位になったことがあるんです。で、妻をパソコンの前に呼びまして、「お宅のご主人、いまジャニーズの写真集抜いて1位！！！」って自慢したことがあるんですが、そうしたら「あなたが何位になろうが、家庭じゃ最下位でしょ？」って（笑）。

そんな妻に対して、

「酷（ひど）すぎる！　もうお前となんか暮らせないっ！」

きっと、正観先生の話を聞く以前の僕だったら、そう言っていたでしょうね。なんせ離婚したいくらい悩んでいましたから。でも、これらのことは、正観先生の話を聞いたあとだったので、そんなふうに言われても、「おまえ、ほんとコメント面白いよね」と妻と笑い合えていたのです。

どうして僕は鬼嫁を笑顔で受け入れられるようになったのか？　正観先生は講演会

でこうおっしゃったのです。

「人間は、けなされてばかりだと枯れてしまいますが、誉められてばかりでも天狗になってしまう。理想的なのは50％－50％のとき。そして、実は人間はどんな人でも、自分への賞賛が50％、自分への批判が50％になっている」

と。

この日、僕は正観先生の講演は初めてだったので、失礼ながら、「あ、正観先生、間違っているんじゃないかな」って最初は思ったんです。

というのは、僕はその頃仕事が絶好調で、褒められることが多く、批判が50％あるとはとても思えなかったからです。すると、正観先生はこう続けました。

「この話をすると、それは間違っていますと必ず言う人がいます」

うん。うん。だって間違ってるもん。僕は思いました。ところが……、

「そういう人は逃げられないところに痛烈にあなたを批判してくれる人がいるはずです。例えば……奥さまとか」

！！！

この瞬間、僕の天地がひっくりかえりました。50％－50％。これは人数のことじゃ

なくて、総量なのだそうです。たとえば、自分を賞賛してくれる人が10人いて、批判者が一人いるとすると、このたった一人の批判者がものすごい批判をしてくれるのだそうです。

で、その一人はたいてい自分が避けて通れない場所に存在しているのだとか。そう、家庭とか職場です。

ここで僕は気づいたわけです。僕が仕事で褒められることが多いのは、妻が強力に僕を批判してくれていたおかげだったのだと。妻は、たった一人で僕のために逆風担当として孤軍奮闘してくれていたのかって。逆風でこそさらに魂が磨かれるわけですからね。

そう思ったら、

「辛口な妻よ、いつも僕をけなしてくれてありがとう」

思わず妻を抱きしめそうになったほどです（笑）。

実は、それからほとんどケンカがなくなったのです。初めての本に妻から「これ、ありがちじゃない？」と言われたときも、「お前らしいな」と僕は笑うことができました。僕が笑えば彼女も笑う。お互いにケンカにならなくなったのです。

正観先生から教えてもらった、ものの見方のおかげで、楽しく毎日を過ごせるようになったんです。


僕の本は「読みやすい」とよく褒められます。それは普段、本を読まない人も楽しく読めるように意識して文章力を磨いてきたからです。でも、僕自身は本をよく読むので、どうしてこんなにも本を読まない人のことをいつも意識して、伝え方を工夫してるんだろうと考えていた時に、ハッと気づいたんです。

「僕は、本嫌いの妻でも読める本を書けるようになりたかったんだ……」と。

自分の価値観と合わない人にもメッセージが届かないとベストセラーにはなりません。でも、うちの場合は、いつも一番近くに価値観が合わない人がいてくれるおかげで、妻になんと言ったら伝わるだろうと考える習慣ができていたんです。作家である僕にとって、価値観の合わない妻こそ、最高のパートナーだったんです。

そのことに気づいたとき、妻に対して「ありのままの彼女を受け入れよう」どころか、「そのままのキミでいてくれてありがとう」という心からの感謝が溢れ、涙が出ました。

逆風こそ僕の可能性を広げてくれ、愛を深めてくれる存在だったんです。まさに逆風は振り返れば追い風でした。

正観先生の講演会に参加して以来、家庭でお互いに笑顔がすごく増えました。ものの見方を学ぶ楽しさを教えていただきました。

それ以来、正観先生の講演会は１００回以上参加させていただいたと思います。正観先生の本は全て2冊ずつ買い、１冊は新潟のうちの母に送っています。

そのなかで一度だけ、正観先生に直接質問したことがあるのです。最後にその話を。

５日間に及んだ見方道合宿の3日目でした。合宿は箱根の素敵な宿で開催されていたのですが、僕は遅れて申し込んだので、すでに宿は満員で泊まれず。で、その近くの宿を自らネットで探してとることになったのです。で、いざ行ってみたら、もう、１００％幽霊がでそうなボロボロの宿だったのです。壁にすごい不気味なシミもついていて。

電気もテレビもつけっぱなしで寝ようとするのですが、怖くて眠れないんです。

寝不足が続き3日目、もう、限界だとばかりに正観先生にたずねたのです。後にも先にも、正観先生にたずねたのはこの1回だけです。

「正観先生、実は僕の宿なんですが、幽霊がでそうなんです。目を閉じたら首をしめられそうな気配さえあります。こんなときはどうすればいいでしょうか？」

正観先生は、笑顔でこう教えてくれました。

「ひすいさん、幽霊は、気にしなければ大丈夫」

初めて正観先生に質問した時の記念すべき回答がこちらです（笑）。

残念ながら、この日も怖くて眠れませんでしたけどね（笑）。

でも、「気にしなければ大丈夫」って、今、考えたら深いですよね。

問題は、それを問題だと思う心にあるってことですからね。

問題の中に感謝を見出（みいだ）す。

正観先生からは、小さな日常の中に大きな感謝を見出せる視点をたくさん教えていただきました。

正観先生、来世は共著で本を書けるように腕を磨いておきます。

今後ともご指導よろしくお願いします。

（初出＝うたし仲間・編著『正観さんと「わたしたち」のちいさな物語』ＳＫＰ刊に加筆）

［著者紹介］

小林正観　こばやし・せいかん

1948年東京生まれ。中央大学法学部卒。
作家、心学研究家、コンセプター、
デザイナー、SKPブランドオーナー。

学生時代から人間の潜在能力やESP現象、超常現象などに興味を抱き、独自の研究を続ける。年に約300回の講演依頼があり、全国を回る生活を続けていた。
2011年10月12日永眠。

著書に、「未来の智恵」シリーズ（弘園社）、「笑顔と元気の玉手箱」シリーズ（宝来社）、『淡々と生きる』（風雲舎）、『宇宙が応援する生き方』（致知出版社）、『喜ばれる』（講談社）、『人生は4つの「おつきあい」』（サンマーク出版）、『運命好転十二条』（三笠書房）、『努力ゼロの幸福論』（大和書房）、『みんなが味方になるすごい秘密』（KADOKAWA）、『ありがとうの神様』（ダイヤモンド社）、『ただしい人から、たのしい人へ』（廣済堂出版）、『心を軽くする言葉』『脱力のすすめ』『なぜ、神さまを信じる人は幸せなのか?』『こころの遊歩道』『生きる大事・死ぬ大事』『宇宙を解説　百言葉』（イースト・プレス）、『魅力的な人々の共通項』（清談社Publico）など多数。

［お問い合わせ］

現在は、正観塾師範代　高島亮さんによる「正観塾」をはじめ茶話会、読書会、合宿など全国各地で正観さん仲間の楽しく笑顔あふれる集まりがあります。詳しくはSKPのホームページをご覧ください。

SKP　045-412-1685
小林正観さん公式ホームページ　http://www.skp358.com/

本書は2003年に株式会社弘園社より出版された
『で、何が問題なんですか』を再編集したものです。

で、何が問題なんですか？
「人生の悩み」がゼロになる44の解決法

2020年10月 8 日　第1刷発行
2024年 9 月24日　第3刷発行

著　者　小林正観

ブックデザイン　福田和雄（FUKUDA DESIGN）
本文DTP　友坂依彦

協　力　高島 亮

発行人　畑 祐介
発行所　株式会社 清談社Publico
〒102-0073
東京都千代田区九段北1-2-2 グランドメゾン九段803
TEL：03-6265-6185　FAX：03-6265-6186

印刷所　中央精版印刷株式会社

ISBN 978-4-909979-09-4 C0030

清談社
Publico

http://seidansha.com/publico
X @seidansha_p
Facebook http://www.facebook.com/seidansha.publico